LE MESSAGE DE L'APOCALYPSE

DU MÊME AUTEUR

Exégèse et Liturgie, Lectio divina 133, Paris, Cerf, 1988.

Cahier Évangile n° 26, *Saint Paul en son temps,* octobre 1978.

Cahier Évangile n° 47, *Les Épîtres de Pierre,* janvier 1984.

Cahier Évangile n° 72, *Les Épîtres pastorales,* juin 1990.

Cahier Évangile n° 82, *Les Épîtres aux Colossiens et aux Éphésiens,* 1992.

Dans *Les textes de Qumran* (J. Carmignac éd.), t. II, traduction et commentaire du Document de Damas, Letouzey, 1963.

Dans l'ouvrage collectif *La Tradition johannique* (Introduction à la Bible, nouv. éd.), la présentation du IVe Évangile et des épîtres de saint Jean, Desclée, 1977.

Les écrits de saint Jean et l'Épître aux Hébreux (éd.), Petite Bibliothèque des Sciences bibliques, Desclée, 1984.

Nombreux articles pour le secteur Bible et Judaïsme du *Dictionnaire des Religions* (éd. P. Poupard), PUF, 1984, 3e éd. 1993.

Nombreux articles dans le *Supplément au Dictionnaire de la Bible,* l'encyclopédie *Catholicisme,* le *Dictionnaire de Spiritualité,* dont l'article Révélation (Apocalypse de saint Jean), t. XIII, Paris, 1987.

Petite vie de saint Paul, son apostolat au miroir de ses lettres, Desclée de Brouwer.

Édouard Cothenet

Le message de l'Apocalypse

MAME / PLON

ISBN : 2-7289-0712-9

Pour se retrouver dans la Bible

De nombreux passages de l'Apocalypse font écho à des textes de l'Ancien et du Nouveau Testament. L'auteur signale ces textes en donnant le nom du livre (souvent en abrégé), puis le numéro du chapitre et enfin le ou les versets concernés.

Exemple : Gn **3**, 10-13 renvoie au livre de la Genèse, chapitre 3, versets 10 à 13.

À noter que le numéro des versets suit toujours une virgule. Un point virgule marque que l'on change de chapitre. Exemple : Is **30**, 11 ; **61**, 4 renvoie au livre d'Isaïe chapitre 30 verset 11 et chapitre 61 verset 4.

Abréviations des livres bibliques

Ac .... Actes des Apôtres
Ag .... Aggée
Am .... Amos
Ap .... Apocalypse
Ba .... Baruch
1 Co .... 1re épître aux Corinthiens
2 Co .... 2e épître aux Corinthiens
Col .... Épître aux Colossiens
Ct .... Cantique des Cantiques
Dn .... Daniel
Dt .... Deutéronome
Ép .... Épître aux Éphésiens
Ex .... Exode
Ez .... Ézéchiel
Ga .... Épître aux Galates
Gn .... Genèse
Ha .... Habacuc
He .... Épître aux Hébreux

Is .... Isaïe
Jb .... Job
Jl .... Joël
Jn .... Év. selon saint Jean
1 Jn .... 1re épître de Jean
2 Jn .... 2e épître de Jean
3 Jn .... 3e épître de Jean
Jr .... Jérémie
Lc .... Év. selon saint Luc
Lm .... Lamentations
Lv .... Lévitique
Mc .... Év. selon saint Marc
Mi .... Michée
Mt .... Év. selon saint Matthieu
Nb .... Nombres
Os .... Osée
1 P .... 1re épître de Pierre
2 P .... 2e épître de Pierre
Ph .... Épître aux Philippiens
Pr .... Proverbes
Ps .... Psaumes
1 R .... 1er livre des Rois
2 R .... 2e livre des Rois
Rm .... Épître aux Romains
1 S .... 1er livre de Samuel
2 S .... 2e livre de Samuel
Sg .... Livre de la Sagesse
Si .... Ben Sirac
So .... Sophonie
Tb .... Tobie
1 Th .... 1re ép. aux Thessaloniciens
2 Th .... 2e ép. aux Thessaloniciens
1 Tm .... 1re ép. à Timothée
2 Tm .... 2e ép. à Timothée
Za .... Zacharie

AVANT-PROPOS

Sommes-nous à la fin des temps ? Une sorte de grande peur semble saisir les gens aujourd'hui, dans un climat angoissé d'apocalypse prochaine. La période que nous vivons est riche, en effet, en catastrophes de tous genres succédant au grand cataclysme des 55 millions de morts de la seconde guerre mondiale : bouleversements économiques et sociaux (la « crise »), conflits et révolutions (fruits encore présents de la guerre froide), menaces atomiques, voire certaines incompréhensibles variations climatiques. « Considéré globalement, cet ensemble disparate de malheurs peut suggérer l'idée d'un grand bouleversement en marche et générer une forte angoisse existentielle, s'exprimant dans certains cas sur un plan religieux » (E. Foucart). D'où l'incroyable succès des mouvements eschatologiques, millénaristes : « apocalyptiques ».

Les Témoins de Jéhovah annoncent la « fin du présent système de choses mauvaises », refaisant consciencieusement leurs calculs à chaque prédiction erronée. Mais aussi bien le Groupe de Saint-Erme, Mahikari, l'Église Universelle de Dieu, les Raéliens, certains Pentecôtistes, des micro-groupes catholiques exploitant les « secrets » de Fatima ou San Damiano, de Garabandal, Kerizinen ou Dozulé, voire des groupes à révélation particulière comme les « Pèlerins d'Arès ». Tous annoncent la fin du monde prochaine et l'avènement d'une ère nouvelle. Souvent à partir d'une relecture bien personnelle du Livre de l'Apocalypse. Et l'approche de l'an 2000 réactive chez d'autres le mouvement de panique classiquement attaché, mais de manière erronée, aux « terreurs de l'An Mille ».

C'est en effet une véritable explosion de prophéties, plus catastrophiques les unes que les autres. Plusieurs lisent dans les astres les grands bouleversements liés au passage prochain de l'ère des Poissons à celle du Verseau. Les Centuries de Nostradamus en version moderne ont été un best-seller vendu à plus d'un million d'exemplaires. On appelle à la rescousse la Prophétie de saint Malachie, qui laisse prévoir la destruction de Rome et le Jugement dernier, sous le deuxième successeur du Pape actuel. Cette prolifération est d'ailleurs provoquée et entretenue pour fournir un public à ce genre d'écrits.

On regarde du côté des groupes de « mutants » qui annoncent le Nouvel Âge du monde, communautés écologiques comme Findhorn, égrégores initiatiques ou centres gnostiques comme la Fraternité Blanche Universelle. On salue l'arrivée des Nouveaux Aventuriers de l'Esprit, « une foule cachée d'esprits neufs traversant l'apocalypse grâce à la nouveauté de leurs dons » (A. Michel).

Attente d'un Nouvel Âge, d'un Nouveau Monde : les millénarismes sont ainsi de retour. Les « fanatiques de l'Apocalypse » (N. Cohn) étaient, au Moyen Âge, des pauvres aspirant à améliorer leurs conditions matérielles de vie, qui trouvèrent dans les prophéties de la fin du monde imminente, un ressort puissant pour inventer un nouveau modèle de société et un nouveau paradis après le retour du Christ.

De même les « mouvements religieux des peuples opprimés » (V. Lanternari) traduisaient une réaction contre l'oppression colonisatrice, s'exprimant sur le plan religieux comme une tentative d'évasion intégrant les forces dominantes pour s'en garantir.

La protestation d'aujourd'hui et l'attente d'un autre monde après la destruction de celui-ci, se manifestent chez des gens connaissant des frustrations en des domaines autres que ceux de l'avoir et du pouvoir : frustration de sens de la vie, solitude et anonymat, manque de communication interpersonnelle et de reconnaissance sociale, besoin de religieux et de sacré, refus d'un mode de vie sociale asphyxiante. Les Nouveaux Mouvements Religieux foisonnent parce qu'ils semblent offrir des réponses à ces attentes.

Le thème de la fin du monde et donc de l'« Apocalypse » apparaît ainsi comme un lieu révélateur de la mentalité religieuse contemporaine. Il est au confluent de sensibilités et de courants de pensée qui commandent bien des réactions spontanées, en face de la double crise de la civilisation et des Églises que connaît aujourd'hui l'Occident.

Il concerne ainsi le domaine du politique, car tout messianisme implique un certain type de relation à la société ; tout millénarisme est vecteur potentiel d'un mouvement d'émancipation sociale ou politique. Il relève du domaine du religieux, car il anime les perspectives de la plupart des Nouveaux Mouvements surgis en concomitance de l'affaiblissement des religions instituées. Il rejoint des thèmes actuels de société tels l'inspiration écologique, comme prophétie de l'autodestruction de l'homme et de la nature, et recherche de l'âge d'or. Il sous-tend le climat global d'angoisse sur la destinée individuelle et collective, qui assure l'inflation de crédit des voyants, devins et fabricants d'horoscopes.

Mais quel est en vérité le message du Livre de l'Apocalypse dont se réclament tant de courants et de mouvements ? Il faudrait y regarder de plus près. Édouard COTHENET, en spécialiste particulièrement averti et reconnu, sera notre guide dans la découverte pas à pas de ce Livre si souvent revendiqué et finalement si peu connu.

Jean VERNETTE

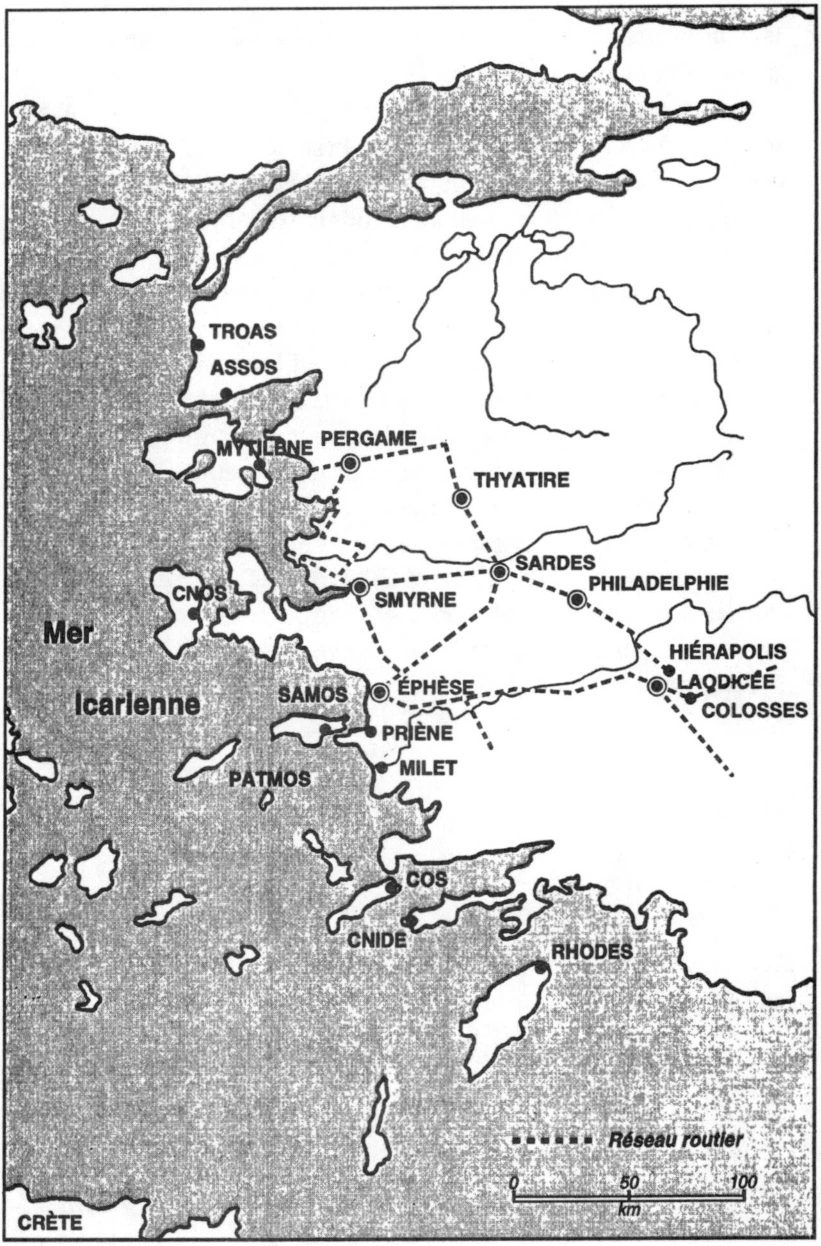

Les 7 Églises de l'Apocalypse

APOCALYPSE

Apocalypse : un mot qui fait peur ! Quand arrive une terrible catastrophe, comme un raz de marée, une violente éruption volcanique, une explosion atomique comme celle de Tchernobyl, on parle d'un drame apocalyptique. Et que dire quand la guerre étend ses ravages ?

Apocalypse, tel est le titre d'un des livres de la Bible, le dernier du Nouveau Testament, un livre rempli de descriptions de fléaux : famines, pestes, invasions, astres qui tombent sur la terre. Un livre où l'on pense trouver la description des symptômes effrayants de la fin du monde !

Au-delà de ces premières impressions, ne faut-il pas y regarder de plus près ? Les premiers mots du livre, *apokalupsis Ièsou Christou,* signifient Révélation de Jésus Christ. D'abord le Christ en est l'origine : c'est Lui qui confie le message à Jean, exilé dans l'île de Patmos, mais plus fondamentalement le livre est une manifestation de Jésus Christ présent à l'histoire de son Église et du monde, Lui, l'Agneau immolé qui, par son sang, rachète les fidèles et les prépare à entrer dans la Jérusalem céleste. Tel est le message qu'il nous faudra recueillir.

ARCHITECTURE DU LIVRE

La première chose à faire, c'est de jeter un coup d'œil global sur le livre. Ça fait bien désordre, penseront des lecteurs pressés ; savante architecture, répliquent les connaisseurs. Premier constat : un goût prononcé pour le nombre 7, un nombre de plénitude. Second constat : l'alternance entre la description des fléaux et les scènes de réconfort ; visiblement Jean veut nous inculquer l'espérance, en un temps de crise aiguë. Troisième constat : l'emboîtement des sections l'une dans l'autre, un peu comme des poupées russes. Pourquoi ? il faudra nous le demander.

Nous nous bornons à un premier aperçu sur l'organisation du texte. Pour chaque section nous apporterons les compléments nécessaires.

INTRODUCTION LITURGIQUE : un message du Christ à l'église en prière. Sa venue est proche (**1**, 1-8).

VISION INAUGURALE : exilé à Patmos, Jean est appelé par le Fils de l'Homme glorieux à écrire aux sept Églises (**1**, 9-20).

LETTRES AUX SEPT ÉGLISES (**2-3**) : Éphèse, Smyrne, Pergame, Thyatire, Sardes, Philadelphie, Laodicée.

LITURGIE CÉLESTE :
— adoration du Tout-Puissant par les quatre Vivants et les vingt-quatre Anciens (**4**) ;
— intronisation de l'Agneau immolé qui, seul, peut ouvrir le Livre (**5**).

PREMIÈRE PARTIE DU DRAME

LE SEPTÉNAIRE DES SCEAUX (**6-8**, 1) : l'ouverture de chacun des sceaux est le signal d'un événement :
— vision de quatre cavaliers (**6**, 1-8) ;
— la prière des martyrs (**6**, 9-11) ;
— catastrophes partielles (**6**, 12-17) ;
— INTERMÈDE CONSOLANT : la préservation des élus (**7**) ;
— 7e sceau : silence et...

LE SEPTÉNAIRE DES TROMPETTES (**8-11**) :
— liturgie céleste (**8**, 2-5) ;
— fléaux déclenchés par 4 sonneries de trompettes (**8**, 6-13) ;
— 5e et 6e trompette : les deux premiers malheurs (**9**) ;
— INTERMÈDE : seconde mission prophétique de Jean (**10**) ;
— prédication, mort et résurrection des deux témoins (**11**, 1-13) ;
— 7e trompette : Dieu établit son règne ; le jugement (**11**, 14-18).

Seconde partie du drame

LES ACTEURS DU DRAME :
— Le signe de la Femme et le signe du Dragon (**11**, 19-**12**) ;
— Le pouvoir sacrilège des deux Bêtes (**13**) ;
— INTERMÈDE : le cantique des rachetés sur le mont Sion (**14**, 1-5) ;
— Proclamation de l'Évangile éternel et annonce du jugement (moisson et vendange) (**14**, 6-20).

LE SEPTÉNAIRE DES COUPES (**15-18**) :
— Célébration liturgique : le cantique des rachetés (**15**) ;
— Déversement des coupes : fléaux sur toute la terre (**16**) ;
— Le jugement de la grande prostituée (**17**) ;
— Lamentation des rois et des marchands sur la chute de Babylone (**18**).

LES NOCES DE L'AGNEAU ET DE L'ÉGLISE (**19-22**, 5) :
— Alléluia pour la victoire du Messie (**19**) ;
— Le règne de mille ans (**20**, 1-6) ;
— Défaite définitive des Bêtes et de Satan (**20**, 7-15) ;
— Description de la Jérusalem nouvelle, Cité, Épouse, Jardin paradisiaque (**21**- **22**, 5).

LITURGIE DE CONCLUSION (**22**, 6-21)

Ce bref sommaire permet déjà de proposer plusieurs observations : la liturgie tient une place considérable dans l'Apocalypse, se déroulant tantôt sur terre (ainsi **1**, 1-8 ; **22**, 6-21), tantôt dans le Temple céleste[1] (ainsi **4-6** ; **7**, 9-17 ; **8**, 1-5 ; **14**, 1-5 ; **19**, 1-8). Tenir pour secondaires ces indications, ne s'intéresser qu'à ce qui pourrait dévoiler l'avenir constitue une faute majeure de lecture. Malgré d'évidentes répétitions qui défient toute tentative de chronologie, on assiste à une progression dans le drame. En particulier, on dirait, à la fin du chapitre 11, que l'inauguration définitive du

1. É. Cothenet, *Exégèse et Liturgie* (*Lectio divina*, n° 133), Paris, Cerf, 1988, p. 263-286.

règne de Dieu est imminente (v. 17-18) et pourtant tout repart, avec une identification progressive des acteurs du drame. D'où l'hypothèse d'A. Feuillet que la première partie concerne le jugement des Juifs et la seconde le jugement des nations païennes. À cette thèse s'oppose le fait qu'en **9**, 20 il est reproché aux pécheurs impénitents d'adorer les idoles : ce trait ne peut pas convenir aux Juifs de l'époque, si farouchement monothéistes. Il faut expliquer autrement les diverses reprises des mêmes thèmes.

GENRE LITTÉRAIRE

Pour qui ouvre ingénument le livre de l'Apocalypse, l'impression s'impose dans un premier temps que Jean a reçu des visions qu'il transcrit telles quelles. Plus fort même, ne reçoit-il pas l'ordre de manger le livre des révélations (Ap **10**, 9) ? La finale fait entendre les pires menaces à quiconque oserait ajouter ou retrancher quoi que ce soit au livre (**22**, 18s). Le texte ne serait-il donc pas dicté mot à mot par Dieu, comme le Coran à Mahomet, selon la conception islamique ?

UTILISATION DE L'ANCIEN TESTAMENT

Si on lit le texte dans une bonne édition, comme la Bible de Jérusalem, la TOB ou la Traduction pour la Liturgie, on est frappé du nombre de références aux textes de l'Ancien Testament, qui sont données en marge ou en note. D'ordinaire il ne s'agit pas de citations littérales ; Jean reprend librement des expressions traditionnelles qu'il transforme. Donnons quelques exemples. C'est au temple de Jérusalem qu'Isaïe a reçu la vision de la Gloire de Dieu en son temple céleste et entendu le *Sanctus* des Séraphins (Is **6**). Jean écoutera le même chant (Ap **4**, 8), mais ce sont les quatre Vivants qui l'entonnent, décrits à la manière des quatre porteurs du Trône en Ézéchiel 1. Lorsque le Christ apparaît à Jean, il se manifeste comme le Fils d'homme évoqué par Daniel 7. Alors que ce prophète distingue avec soin entre le Fils d'homme et l'Ancien des jours, l'Apocalypse donne au Fils d'homme les attributs de

Dieu : sa tête et ses cheveux étaient blancs comme laine blanche, comme neige (Ap **1**, 14 à comparer à Dn **7**, 9). Dans ce chapitre 7 de Daniel, quatre bêtes représentent les royaumes païens. De beaucoup la plus cruelle, la quatrième persécute *« les saints du Très-Haut »* (Dn **7**, 7.23-25). Selon l'Apocalypse, la Bête de la mer rassemble les traits des quatre bêtes de Daniel (Ap **13**, 2). Investie par le Dragon infernal, elle persécute les fidèles de l'Agneau et reçoit l'aide d'une nouvelle Bête, celle de la terre (**13**, 11sv). La lamentation sur la ruine de Babylone (**18**) est une reprise systématique d'oracles de l'Ancien Testament. Il en va de même pour l'évocation de la Jérusalem nouvelle (**21-22**, 5), avec un point de vue spécifique : la place de l'Agneau divin.

Parmi les livres prophétiques ainsi utilisés, celui d'Ézéchiel semble bien avoir fait l'objet d'une relecture systématique. Rien d'étonnant à cela, puisque par ses allégories compliquées et son vaste tableau d'avenir le prophète des exilés de Babylonie peut être considéré comme le père de l'apocalyptique. Ainsi quand Ézéchiel avait été appelé comme prophète, il aperçut un rouleau écrit au recto et au verso et fut invité à s'en nourrir (Éz **2**, 8-10). Cette vision est dédoublée dans l'Apocalypse : il s'agit d'abord d'un rouleau écrit au-dedans et au-dehors, scellé de sept sceaux, que personne n'est digne d'ouvrir (Ap **5**, 1-3) avant l'apparition de l'Agneau divin. Plus tard, Jean devra manger le livre (Ap **10**). Voir l'encadré : *Ézéchiel et l'Apocalypse.*

Nous pouvons déjà conclure que, loin d'être composée de chic, l'Apocalypse s'inscrit dans une longue histoire : c'est un livre de tradition.

ÉZÉCHIEL ET L'APOCALYPSE

Vision inaugurale (Éz **1**)	Ap **4**, 1-8 et **10**
Livre à avaler (Éz **2**, 8s)	**5**, 1 ; **10**, 1-4, 8-11
Réquisitoire contre la prostitution de Jérusalem (Éz **16** ; **23**)	contre Babylone (**17**)
Lamentations sur Tyr (**26-27**),	sur Babylone (**18**, 9-19)
La curée (Ez **39**, 4.17-30)	Ap **19**, 17-21

Invasion et défaite de Gog (Ez **38-39**)	Ap **20**, 8-9
Mesure du Temple et de la Ville (**40**, 1-6)	Ap **11**, 1-2 ; **21**, 10-27
Torrent jailli du temple (Ez **47**)	Ap **22**, 1-2

Dans son utilisation d'Ézéchiel, Jean suit en gros l'ordre du livre, mais il n'hésite pas à reprendre plusieurs fois les données d'un même texte source. Manifestement il s'agit d'une utilisation très réfléchie.

Cf. A. Vanhoye, *L'utilisation du livre d'Ézéchiel dans l'Apocalypse*, Biblica 43 (1962), p. 436-476.

APOKALUPSIS

Le premier mot *apokalupsis*, révélation, sert à désigner une conception dramatique de l'histoire et une manière d'écrire qui se rattachent aux derniers livres de l'Ancien Testament et qui étaient bien répandues dans le judaïsme. C'est ainsi que l'Apocalypse de Jean offre beaucoup de ressemblances avec le livre de Daniel écrit pendant la persécution d'Antiochus Épiphane (167-164 av. J.-C.), comme nous l'avons déjà relevé, et deux œuvres juives à peu près contemporaines, l'Apocalypse de Baruch (ou Baruch syriaque) et le IVe livre d'Esdras. Ces deux œuvres furent composées pour répondre au scandale de la destruction du Temple par les Romains en l'an 70 (voir encadré p. 30-32).

Relevons quelques caractéristiques de l'état d'esprit et des procédés d'écriture des « apocalypticiens ».

PSEUDONYMIE

Un écrit pseudonyme est celui qui porte un nom autre que celui de son véritable auteur. Le procédé est connu dans de nombreuses littératures et est particulièrement bien attesté pour la période qui nous intéresse. Ainsi croirait-on que le livre de Daniel a été écrit par un jeune juif, élevé à la cour du roi Nabuchodonosor (Dn **1**) et qu'il contient des prophéties sur l'histoire qui se déroulera jusqu'au temps d'Antiochus Épiphane. En réalité, l'horizon direct du livre, c'est bien cette époque dramatique où, pour la première fois, des Juifs sont persécutés en raison de leur religion. Le rédacteur final met en scène un Sage de l'ancien temps pour donner plus de crédit à son livre. Le Baruch de l'apocalypse juive n'est pas le secrétaire de Jérémie, témoin de l'incendie du Temple en 587, mais un Juif qui veut relever le courage de ses contemporains après 70. De même, l'Esdras du IVe livre n'est pas le prêtre scribe, réformateur du judaïsme (début du IVe s. av. J.-C.), mais un pharisien de la fin du Ier siècle de notre ère. L'Apocalypse du Nouveau Testament fait exception : le Jean qui écrit de Patmos, que ce soit l'Apôtre ou un autre Jean, est bien connu des communautés auxquelles il s'adresse. Il ne s'abrite pas derrière un personnage du passé, mais transmet le message reçu dans son exil.

Une littérature de crise

À la différence des prophètes qui visent d'abord à exprimer le jugement de Dieu sur leurs contemporains et à provoquer la conversion du peuple par leurs menaces, les apocalypticiens cherchent avant tout à répondre au scandale du triomphe apparent du mal. Vivant dans une période de crise, ils s'interrogent, angoissés, sur la durée de l'épreuve, son sens, la fidélité de Dieu à son Alliance. C'est ainsi que Daniel, méditant sur les soixante-dix années d'épreuves annoncées par Jérémie (25, 11), découvre après une longue supplication qu'il s'agit de soixante-dix semaines d'années avant l'introduction de la justice éternelle et l'onction du Saint des saints (Dn 9, 24). Si l'on passe en revue les événements du passé, c'est pour y discerner les signes que la Fin approche. On s'efforce donc de repérer les symptômes avant-coureurs du grand jugement, avec la conviction constante que l'on est parvenu aux dernières minutes avant que sonne l'Heure ! C'est ainsi que Baruch syriaque énumère la série des douze calamités qui doivent s'abattre sur le monde avant la Fin (XXVII). Le IVe Esdras nous manifeste au mieux le désarroi de l'auteur devant la détresse présente :

« Le monde présent se hâte vers sa fin, car il est incapable de porter les réalités que Dieu a promises aux justes en leur temps ; ce monde-ci, ce siècle-ci, est rempli de tristesse et d'impuissance. » (IV Esdras IV, 26s.)

Engendré par les malheurs des temps, ce pessimisme s'exprime par la conviction que *« ce monde-ci »*, par opposition au *« monde futur »* (Mt **12**, 32 ; **13**, 39s ; Mc **10**, 30...), est soumis à la tyrannie de Satan, le *« prince de ce monde »* (Jn **12**, 31 ; **14**, 30...). Derrière les forces tyranniques du temps, nous voici amenés à découvrir l'origine du mal. Certaines apocalypses évoquent ainsi la chute des anges (cf. Ap **12**, 7s) ; le IVe Esdras médite sur la gravité de la faute d'Adam et ses conséquences pour nous. Le développement de Paul sur les deux Adam (Rm **5**, 12-21) s'inspire de cette tradition ; si l'Apocalypse évoque à plusieurs reprises le paradis perdu et retrouvé (Ap **2**, 7 cf. **22**, 2), elle ne mentionne pas directement Adam : cependant la figure du Fils de l'homme y renvoie indirectement **1**, 13 ; **14**, 14).

ANGES ET DÉMONS

Le développement des représentations sur les anges et les démons caractérise globalement le judaïsme des derniers siècles avant notre ère et des premiers siècles de notre ère. Selon les représentations du temps, des anges gouvernent les forces de la nature : il y a ainsi un ange des eaux (**16**, 5), comme il y a quatre anges qui commandent aux vents (**7**, 1), quatre sur les bords de l'Euphrate (**9**, 14). Les textes de Qumrân sont un bon témoin de l'idée qu'à l'affrontement entre les fils de lumière sur terre et les fils des ténèbres correspond le combat des *« saints du Très-Haut »* contre les armées de Bélial (Satan). Les anges sont ainsi les ministres de la justice de Dieu, eux aussi déclenchent les séries de fléaux sur la terre (ainsi **8**, 6 et **16**, 1). Notons la discrétion relative de l'Apocalypse de Jean sur la horde des démons. Seul leur chef attire l'attention : *« Le grand dragon, l'antique serpent, celui qu'on nomme Diable et Satan, le séducteur du monde entier. »* (**12**, 9.)

Si sombre soit-elle, la vision des Apocalypses ne conduit pas au désespoir. Toutes, elles manifestent le sursaut de la foi d'Israël qui, envers et contre tout, continue à espérer. À plus forte raison devrons-nous lire l'Apocalypse de Jean comme un grand message d'espérance.

SYMBOLISME

En plus des symboles universels, comme celui de l'eau, du feu, du vent, chacue culture a les siens propres. Si le noir est pour nous la couleur du deuil, c'est le blanc en Chine. Le langage symbolique est particulièrement riche dans la littérature apocalyptique[1]. Bornons-nous à quelques exemples : le monde *animal* sert à représenter les humains. C'est ainsi que le Christ est présenté à la fois comme le Lion de Juda et l'Agneau immolé aux sept cornes (**5**, 5 - 6), car la corne est l'instrument de la puissance. À la suite de Daniel, l'Empire persécuteur est dépeint comme une Bête effroyable à sept têtes et dix cornes, au corps composite (léopard, ours et lion) (Ap **13**, 1-2). Aucun lecteur ne pensera à une Bête réelle. Ne faut-il pas décoder systématiquement les autres indications ?

Ainsi pour les *chiffres* : 7 est un nombre de totalité, de plénitude, comme on le voit pour les esprits de Dieu, les sept Églises, mais aussi pour la triple série de fléaux. Au contraire, 3 et 1/2 (et ses dérivés, comme 42 mois, 1 260 jours = 3 ans 1/2 en Ap **11**, 2-3) est un nombre brisé qui indique un temps relativement bref, le temps de la persécution. Le nombre quatre signifie l'universalité : les quatre vents correspondent aux quatre coins de la terre (**7**, 1 ; **20**, 8). C'est aussi un chiffre de perfection, perfection triplée quand on arrive au cube, comme c'est le cas pour la Jérusalem nouvelle (**21**, 16). Nombre traditionnel des tribus d'Israël, 12 caractérise la nouvelle Jérusalem aux douze portes (**21**, 13), tandis que le nombre de 144 000 désigne la multitude des élus (Ap **7** et **14**, 1). Le nombre de 24 (**4**, 4) fait allusion aux 24 classes sacerdotales de l'Ancien Testament. 1 000 a valeur conventionnelle pour une longue durée, selon le verset du psaume 90,4 pour lequel mille ans sont comme un jour pour le Seigneur (Ap **20**, 3-6).

Souvent mentionnés, les *vêtements* expriment la place de la personne dans la société. Vêtus de sacs, les deux témoins invitent à la pénitence (**11**, 3). La grande prostituée est vêtue de pourpre et d'écarlate (**17**, 4) et veut attirer les foules par l'éclat de ses bijoux.

1. J.-P. Prévost, *Pour lire l'Apocalypse*, Ottawa-Paris, 1991, p. 43-62.

Par opposition au luxe tapageur, les élus sont vêtus de blanc, d'un blanc singulier puisqu'il a été lavé dans le sang du Christ (**7**, 14). D'une manière générale, le blanc est la couleur céleste, le signe de la résurrection et s'oppose évidemment au noir, signe de malheur et de détresse (**6**, 5.12).

Le symbolisme du *culte*, qui s'inspire du Temple de Jérusalem, de sa liturgie, de ses fêtes est particulièrement développé. Nous y reviendrons au cours du commentaire.

LE CULTE IMPÉRIAL

À la différence des empereurs Auguste et Tibère, Vespasien et Titus qui respectèrent les vieilles conceptions de la Rome républicaine, Domitien, suivant le funeste exemple de Néron, voulut se faire reconnaître comme dieu de son vivant (*Dominus ac Deus*, Suétone, Domitien XIII, 3). Il trônait vêtu d'une toge de pourpre, la tête ceinte d'une couronne d'or, portant les effigies de la triade capitoline (Jupiter, Junon et Minerve). Des flatteurs éhontés le comparaient à tous les dieux, Mars, le Soleil, Pollux, Hercule. On en arriva même à l'identifier à Jupiter, le roi des dieux. Tels sont les noms blasphématoires que dénonce l'Apocalypse (**13**, 1 ; **17**, 3.5).
Les provinciaux, spécialement ceux de l'Asie Mineure, habitués depuis longtemps au culte des souverains, réagissaient autrement que les sénateurs de Rome. Le gouvernement des Flaviens (dynastie commençant avec Vespasien) fut favorable aux provinciaux, trop longtemps exploités sans vergogne par les gouverneurs. Quand on visite les lieux dont parle l'Apocalypse, on ne peut qu'admirer la somptuosité des monuments, favorisant une vie sociale intense. Certes, il ne faut pas oublier la condition misérable des esclaves, mais par opposition au siècle précédent marqué par la dévastation des guerres civiles, la fin du Ier siècle est une période de grande prospérité. Sans plus redouter de guerre, débarrassés des pirates, les commerçants pouvaient sans limites accroître leurs gains (cf. Ap **18**). Apparaissant comme une expression de loyalisme envers l'État, le culte impérial ne faisait pas problème et s'intégrait aux cultes traditionnels. Seuls les Juifs, dont la religion était recon-

nue comme légale depuis César, en étaient dispensés. Maintenant que les communautés chrétiennes apparaissaient comme bien distinctes de la Synagogue, quelle serait leur position ? Le problème ne s'était pas encore posé explicitement au temps de saint Paul (voir les consignes d'obéissance en Rom **13**, 1-7). En cette fin du règne de Domitien, il devenait brûlant.

À QUELS PROBLÈMES RÉPOND L'APOCALYPSE ?

Comme tous les écrits prophétiques, l'Apocalypse n'est pas d'abord une prévision de l'avenir, mais une réponse aux problèmes du moment. Essayons donc de saisir la situation des églises d'Asie Mineure. Pour cela nous disposons principalement de deux espèces de documents, d'abord la lettre encyclique de Pierre aux communautés dispersées « *dans le Pont, la Galatie, la Cappadoce, l'Asie et la Bithynie* » (1 P **1**, 1), puis le rapport à Trajan de Pline le Jeune, gouverneur de Bithynie (en 111-113). D'après la Ire épître de Pierre, les chrétiens vivent en minorité dans un milieu hostile (ainsi 1 P **4**, 3) et doivent désarmer les calomnies par l'exemple de leurs vertus (1 P **2**, 2, 12 ; **3**, 13). Malgré les menaces (**4**, 12), on ne saurait parler d'un édit général de persécution. On devine bien davantage des accès sporadiques, provoqués par la délation de particuliers[1]. En particulier quand survient une crise quelconque, il faut toujours trouver des boucs émissaires ; les chrétiens étaient tout désignés pour en remplir le rôle.

Selon la lettre de Pline (*Épist.* X, 96), le christianisme s'est largement répandu, au point de rendre plus difficile la vente des viandes offertes aux dieux. Devant l'ampleur des dénonciations, Pline est embarrassé ; il ne croit pas aux accusations d'immoralité ou d'infanticide qui sont portées contre les chrétiens, mais il juge

1. C. Lepelley, « Le contexte historique de la Première Lettre de Pierre », *in* ACFEB, Études sur la Première Lettre de Pierre (LD **102**), Cerf, 1980, p. 43-64. Plus accessible, J. Comby, *Pour lire l'histoire de l'Église,* Paris, Cerf, t. 1, 1984.

leur obstination coupable. C'est pourquoi il en réfère à l'empereur. Pour sa part, il estime que si les accusés acceptaient de sacrifier par l'encens et le vin devant l'image de l'empereur et de blasphémer le Christ, ils pourraient être relâchés. Dans ce même rapport, Pline évoque des procès semblables, notamment 20 ans auparavant, ce qui nous reporte au temps de Domitien. La réponse de Trajan entérine les suggestions de son gouverneur et fera, pendant près d'un siècle, force de loi :

« *Il n'y a pas à les poursuivre d'office. S'ils sont dénoncés et convaincus, il faut les condamner, mais avec la restriction suivante : celui qui aura nié être chrétien et en aura par les faits eux-mêmes donné la preuve manifeste, je veux dire en sacrifiant à nos dieux, même s'il a été suspect en ce qui concerne le passé, obtiendra le pardon comme prix de son repentir.* »

La lecture des lettres aux sept Églises (Ap **2-3**) nous montre que, face à une telle situation, les avis étaient partagés. Exilé dans l'île de Patmos, où était installée une petite garnison pour surveiller l'accès au port de Milet, Jean reçoit alors un message de résistance spirituelle, à bien distinguer des appels à la lutte armée qui, à cette époque, retentissaient dans de nombreuses communautés juives.

Nous découvrirons mieux la situation concrète des communautés en lisant le véritable examen de conscience que constituent les lettres aux Églises. Outre le danger de relâchement, on ne saurait minimiser l'inquiétude des fidèles devant la répression qui avait déjà atteint plusieurs d'entre eux (cf. **2**, 13 ; **6**, 9-11) et la lassitude dans l'attente du retour du Christ. La promesse de son retour est-elle bien valable (cf. 2 P **3**, 3-10) ? Il nous semble que ce problème explique pour une grande part l'architecture du Livre. Tout en entretenant l'attente du retour du Christ, Jean veut déjouer tous les calculs des apocalypticiens (à comparer avec Lc **17**, 20).

AUTEUR ET DATE DE RÉDACTION

À la différence des apocalypses juives contemporaines, qui se donnent comme l'œuvre d'auteurs reculés dans le temps (procédé dit de l'antédatation), l'auteur de l'Apocalypse se présente lui-même :

« *Moi, Jean, votre frère et votre compagnon dans l'épreuve, la royauté et la persévérance en Jésus Christ, je me trouvais dans l'île de Patmos à cause de la Parole de Dieu et du témoignage de Jésus.* » (**1**, 9.)

On en a souvent conclu que ce Jean n'était autre que Jean l'Évangéliste. Pourtant, la tradition ancienne est loin d'être unanime sur le sujet.

C'est ainsi que l'évêque Denys d'Alexandrie, au milieu du IIIe siècle, avait déjà relevé les différences de style et d'orientation théologique entre l'Évangile et l'Apocalypse : impossible de les attribuer tous deux à un même auteur (Texte dans Eusèbe, *Histoire Ecclésiastique,* VII, 25) ! Dans l'Évangile l'accent porte sur l'actualité de la Vie que Jésus accorde au croyant (ainsi Jn **6**, 35 ; **11**, 25 ; **17**, 3) ; l'Évangéliste insiste sur la relation personnelle de foi et d'amour entre le disciple et le Maître, les perspectives ecclésiales n'apparaissant que secondaires. L'Apocalypse, au contraire, met l'Église au premier plan, proclame sans cesse la venue prochaine du Christ Juge (**1**, 1.8 19 ; **22**, 6.17.20), s'appesantit sur le jugement futur et la description de la Jérusalem nouvelle. En contrepartie de ces observations, on opposera d'autres traits qui rapprochent l'Apocalypse du IVe Évangile : ainsi la figure de l'Agneau, le titre de Parole (*Logos*) décerné au Christ, le thème de la vie avec des images comme celles de l'eau, l'importance donnée au témoignage. Quel que soit l'auteur réel, on ne peut donc isoler complètement l'Apocalypse du IVe Évangile.

Or, selon Papias, évêque de Hiérapolis (Asie Mineure), au début du IIe siècle, vécurent à Éphèse deux Jean, l'apôtre, et Jean le Presbytre (l'Ancien, celui qui aurait envoyé 2 et 3 Jn). Aujourd'hui on reconnaît volontiers l'existence d'une École johannique, à l'intérieur de la communauté[1]. Formée en Palestine, elle émigra par la suite à Éphèse, sans doute à cause de la Guerre Juive (66-

---

1. Sur l'École johannique, voir R.E. Brown, *La communauté du Disciple bien-aimé* (LD 115), Cerf, 1983, et la brève présentation que j'ai faite dans *Les écrits de saint Jean* (Desclée, 1984, p. 57-63).

70). L'École doit son origine à l'enseignement du « *Disciple que Jésus aimait* », le témoin par excellence (Jn **19**, 35 ; **21**, 24). C'est là que le IVe Évangile a trouvé sa forme définitive, avec l'adjonction entre autres du chapitre 21.

Les trois épîtres, dites de Jean, nous apportent des indications précieuses sur les problèmes doctrinaux qui se posaient : le Fils de Dieu est-il vraiment venu dans la chair (ainsi 1 Jn **4**, 2) ? De quelle manière le Christ nous sauve-t-il, serait-ce seulement en nous révélant le Père ou bien parce qu'il a réellement offert sa vie pour nous en sacrifice d'expiation (ainsi 1 Jn **2**, 2 ; **5**, 6) ? Des tensions très vives provoquèrent un schisme (1 Jn **2**, 18s), événement si grave que l'auteur y voit la manifestation des antichrists au sein même de la communauté (1 Jn **2**, 18.22 ; **4**, 3 ; 2 Jn **7**). Serait-ce donc la dernière heure (1 Jn **2**, 18) ?

Dans la communauté johannique, il y avait aussi des prophètes. À plusieurs reprises, l'auteur de l'Apocalypse mentionne ses frères prophètes (ainsi **22**, 6.9). L'exilé de Patmos est l'un de ces inspirés au tempérament de feu qui, dans une situation de crise, reçoit un message destiné aux églises d'Asie Mineure. Nous lui garderons son nom de Jean, sans nous prononcer davantage sur son identité.

Selon le témoignage d'Irénée, Jean reçut ses visions « vers la fin du règne de Domitien » (*Adv. Haer.* V, 30, 3). (Voir encadré sur les empereurs, *infra*, p. 141.) Ce renseignement est d'autant plus précieux qu'Irénée fut disciple de Polycarpe, évêque de Smyrne, lui-même disciple de l'apôtre Jean. Après le court règne de Titus (79-81), le triomphateur de Jérusalem révoltée contre Rome, et surnommé « les délices du genre humain », Domitien (81-96) commença son gouvernement sous d'heureux auspices mais sombra progressivement dans la maladie du soupçon et dans l'orgueil le plus démesuré. L'historien Suétone a rapporté en long et en large les condamnations portées par l'empereur contre les sénateurs qui lui faisaient ombrage et contre les philosophes soupçonnés de critiquer son gouvernement. À cette époque furent poursuivis en Palestine des descendants chrétiens de David, mais quand l'empereur eut constaté leur humble condition, il les fit relâcher (cf. Eusèbe, *Hist. Eccl.* III, 19-20). On pourra donc retenir comme date de composition de l'Apocalypse les années 90-96.

TEXTES APOCALYPTIQUES DANS LE NOUVEAU TESTAMENT ET LA LITTÉRATURE CHRÉTIENNE

Dans le Nouveau Testament, les passages de type apocalyptique ne manquent pas. Le plus important, c'est le discours prononcé par Jésus à la veille de sa passion, discours qui invite les disciples à la vigilance en prévision des graves événements qui vont se produire : ruine de Jérusalem comme signe de la Fin du monde (Marc **13** et parallèles Mt **24-25** ; Luc **17**, 22-37 et **21**, 5-36)[1]. Retenons quelques éléments caractéristiques :

• succession de fléaux : guerres, tremblements de terre, famines ;

• persécution des disciples et devoir de proclamer l'Évangile ;

• comble de l'iniquité : l'Abomination de la Désolation, selon une expression qui vient de Daniel (**9**, 27) ;

• manifestation du Fils de l'homme sur les nuées du ciel et jugement universel.

Ces éléments, nous les retrouverons magistralement orchestrés dans l'Apocalypse de Jean. On aurait grand tort de chercher dans le discours de Jésus une chronologie anticipée des événements de la Fin. Dans un langage traditionnel, Jésus cherche avant tout à mettre en garde ses disciples contre les fausses prédictions : « *Prenez garde qu'on ne vous abuse (...). Il surgira des faux Christs et des faux prophètes qui opéreront des signes et des prodiges pour abuser, s'il était possible, les élus.* » (Mc **13**, 5.22) Le mot d'ordre, c'est celui de la vigilance (Mc **13**, 9.33.37), parce que nul ne sait ni le Jour ni l'Heure (Mc **13**, 32), une consigne sans cesse reprise dans l'Apocalypse (**3**, 2.3 ; **16**, 15).

1. J. Dupont, *Les trois apocalypses synoptiques* (*Lectio divina* 121), Paris, Cerf, 1985.

Dans les épîtres de Paul, se trouvent aussi des passages de style apocalyptique : ainsi dans la 1ère épître aux Thessaloniciens (4, 13-18), lorsque l'Apôtre évoque la venue du Christ sur les nuées du ciel (parousie). De même dans la 1ère épître aux Corinthiens (15, 20-26 et 51-56). Le passage qui a excité le plus l'imagination, c'est celui de la 2e épître aux Thessaloniciens qui évoque le Retenant qui, pour le moment, empêche la manifestation du Fils de la perdition, qui poussera l'impiété jusqu'à s'asseoir en personne dans le temple de Dieu (2 Th 3, 3-10).

Chez les Pères Apostoliques, le genre n'est pas totalement oublié. La finale de la *Didachè* (XVI) apparaît comme un résumé du discours eschatologique. *Hermas,* dans son appel à la pénitence adressé à l'Église de Rome vers 150, reprend des images traditionnelles de l'apocalyptique, comme la personnification de l'Église sous les traits d'une femme âgée, ou la construction d'une tour pour évoquer le développement de l'Église. On connaît aussi une Apocalypse (apocryphe) de Pierre où sont décrits avec force détails les supplices des damnés : à cette tradition se rattachera Dante dans *La Divine Comédie*. Il apparaît cependant qu'au fur et à mesure que l'Église se développe en milieu gréco-romain et s'éloigne de ses origines palestiniennes, elle abandonne certains traits d'un genre qui reste très marqué par un temps et une culture.

LES APOCALYPSES JUIVES

La connaissance des apocalypses juives constitue la base nécessaire pour la juste interprétation de l'Apocalypse de Jean. Les quelques indications qui suivent sont faites avant tout pour fournir des points de comparaison avec l'œuvre de Jean. Pendant longtemps, ces textes furent d'un accès difficile pour les non-spécialistes. Nous disposons maintenant de traductions françaises dans deux recueils : l'un partiel, le Supplément au Cahier Évangile n° 32 : *Vies d'Adam et Ève, des patriarches et des prophètes.* Textes juifs autour de l'ère chrétienne présentés par Hugues Cousin, Cerf, 1930 ; l'autre très étendu, *La Bible. Écrits intertestamentaires*. Édités par A. Dupont-Sommer et M. Philonenko, Éd. de la Pléiade, 1987.

* **DANIEL :** dans la Bible hébraïque, ce livre est rangé dans le groupe des Écrits, en raison de sa date tardive, tandis que la Bible grecque voit en Daniel le quatrième des grands prophètes. La Bible de Jérusalem est restée fidèle à ce classement, tandis que la TOB suit l'ordre de la Bible hébraïque. Notre livre de Daniel comporte deux grandes parties : une série d'histoires édifiantes qui mettent en scène Daniel et ses compagnons à la cour de Babylone (Dn 1-6). L'accent porte sur la fidélité à la Loi, spécialement aux lois de pureté alimentaire, et sur le refus du culte royal. En même temps s'affirme l'espérance de l'avènement prochain du Royaume de Dieu. La seconde partie est constituée avant tout par des visions sur la succession des empires et l'avènement du Fils d'homme sur les nuées du ciel, la cessation prochaine de la terrible persécution d'Antiochus Épiphane (167-164 av. J.-C.), et après une longue rétrospective de l'histoire ([10-11], la proclamation de la résurrection des justes [**12**, 1-4]).

Pour une bonne initiation, C.E. n° 79 par P. Grelot ; G. Becquet, F. Dumortier, M. Jacob, *La Fosse aux lions. Lecture du livre de Daniel,* Paris, Éditions Ouvrières, 1993.

* **HÉNOCH :** sous le nom de ce patriarche enlevé auprès de Dieu avant le déluge (Gn **5**, 21-24) furent composés une série d'écrits, dont la totalité n'est plus connue que par une traduction éthiopienne (d'où le nom d'Hénoch éthiopien). Ces écrits étaient particulièrement appréciés par les gens de Qumrân, dont la bibliothèque nous a livré de larges extraits en araméen. La composition du livre d'Hénoch s'est étagée sur plusieurs siècles. Les parties les plus anciennes sont antérieures à la persécution d'Antiochus Épiphane (167-164) et révèlent le « calendrier » qu'il faut observer pour que la liturgie de la terre soit synchronisée sur celle des anges dans le ciel. Contemporaine de Daniel, une partie (Le Livre des Songes et l'Apocalypse des Semaines) fait entrevoir la fin de la persécution et l'avènement du règne de Dieu.

La description du paradis et du shéol tient beaucoup de place. Hénoch fait office d'explorateur. Il nous révèle le nom des sept archanges et celui des démons. Voici comment il décrit le paradis :

« Cette haute montagne dont le sommet est pareil à un trône divin est le siège qu'occupe le Roi éternel quand il descend visiter la terre dans sa faveur. Quant à l'arbre odorant (arbre de vie), nulle

chair n'a le droit d'y toucher avant le jour du grand Jugement, qui verra le châtiment universel et l'accomplissement définitif. Alors c'est à des justes et à des saints qu'en sera donné le fruit... Alors ils se réjouiront d'une grande joie, ils exulteront et entreront dans le sanctuaire... » (Hénoch XXV, 3-6. Traduction d'A. Caquot, *Écrits intertestamentaires*, p. 499.)

Dans une partie plus tardive, appelée le Livre des Paraboles, le Messie est présenté comme le Fils d'homme (cf. Dn **7**), caché auprès du Seigneur des Esprits dès avant la création du monde et jusqu'à l'avènement du siècle futur (XLVIII, 6). C'est Lui qui exercera le Jugement.

* **BARUCH SYRIAQUE :** Baruch fut le disciple fidèle de Jérémie, chargé d'écrire les prophéties de son maître (Jr **36**). Dans la classe des Écrits figure un recueil composite comportant une prière pénitentielle et une méditation sur la Sagesse. Dans la Bible grecque et chrétienne ce livre fait suite aux oracles et aux Lamentations de Jérémie. Il ne faut pas le confondre avec un ouvrage connu seulement en traduction syriaque – d'où le nom de Baruch syriaque –, qui a été écrit après la destruction de Jérusalem en l'an 70 de notre ère.

Pour répondre à l'angoisse de ses contemporains, l'Auteur explique que c'est Dieu lui-même qui a abandonné le Temple en raison des iniquités du peuple : ce ne sont donc pas les Romains qui l'ont emporté par leur force (**5-9**). Avant l'intervention décisive contre les nations, de longues séries de fléaux sont prévues (**27**). Aux jours du Messie, la terre bénéficiera d'une fertilité merveilleuse (**29**) :

« *La terre donnera ses fruits, dix mille pour un, et sur une seule vigne, il y aura dix mille rameaux, et un rameau donnera mille grappes, et une grappe donnera mille raisins, et un raisin donnera un cor de vin. Et ceux qui ont eu faim seront dans la joie, bien plus, c'est chaque jour qu'ils verront des prodiges...* »

Ce rêve passera chez des commentateurs de l'Apocalypse (Papias, Irénée) à propos du règne de mille ans (Ap **20**, 4-6. Cf. *infra*, p. 164). Après cette période de prospérité paradisiaque, le Messie mourra, et ce sera le signal de la résurrection et du jugement général (**30**). Dans la détresse présente, le mot d'ordre transmis par Baruch, est celui de la fidélité à la Loi de Moïse. Voici quelques extraits de la belle prière finale :

« *Nous avons confiance en toi,*
parce que ta Loi est parmi nous,

et nous savons que nous ne tomberons pas,
tant que nous nous attacherons à tes alliances.
Nous serons toujours heureux au moins d'une chose,
de ne pas nous être mélangés aux nations.
Car tous ensemble nous sommes un peuple unique, renommé,
nous qui avons reçu la Loi unique de l'Unique,
et la Loi, qui est parmi nous, nous aidera,
et la sagesse suprême, qui est en nous, nous soutiendra. » (XLVIII, 22-24. Trad. J. Hadot, *Écrits intertestamentaires*, p. 1519.)

* **IV ESDRAS :** Attribué à Esdras, le réformateur du judaïsme vers 400 av. J.-C., le IVe livre d'Esdras a été composé par un juif de tendance pharisienne, mais n'a pas été conservé par ses compatriotes. Les chrétiens, par contre, l'ont tenu en grande estime, puisque la traduction latine figure en appendice à l'édition de la Vulgate.

Ce livre donne beaucoup d'importance à la faute d'Adam pour expliquer la prolifération du mal. Il développe une vision pessimiste du monde ; pour rendre compte du petit nombre des élus, il explique que « ce qui est rare est plus précieux » :

« *Ainsi en sera-t-il du jugement promis. Je me réjouirai en effet du petit nombre de ceux qui seront sauvés. Car ce sont eux qui ont maintenant fait prévaloir ma gloire et c'est par eux que mon nom a été maintenant prononcé. Mais je ne m'attristerai pas du grand nombre de ceux qui périront.* » (VII, 60s Trad. P. Geoltrain p. 1423.)

Après la vision d'une vieille femme qui pleure la mort de son fils, symbole transparent du drame de Jérusalem (X), la vision de l'Aigle évoque la succession des empereurs de Rome (XI) et annonce le châtiment prochain exécuté par un lion rugissant, à savoir le Messie issu de la race de David (XII, 31-34). Selon la vision suivante, le Messie apparaît comme un Fils d'homme qui monte de la mer pour anéantir la foule des ennemis (XIII). Le salut réside dans l'observance fidèle de la Loi jusqu'au jour du jugement. Quant à Esdras, il reçoit la mission d'écrire non seulement les 22 livres sacrés (ceux du Canon juif), mais aussi soixante-dix autres, réservés pour les sages du peuple : « *En eux est la source de l'intelligence, la fontaine de la sagesse, le fleuve de la connaissance.* » (XIV, 47.) Comment ne pas ranger le IVe livre d'Esdras dans cette dernière catégorie, que le rabbinisme exclura au cours du IIe siècle ?

Concluons : La comparaison entre l'Apocalypse de Jean et les apocalypses juives est des plus instructives : même ambiance, mêmes procédés littéraires. Mais quelle différence dans l'orientation ! Baruch et le IVe Esdras attendent la venue du Messie d'Israël et le jugement contre les nations. Pour Jean, l'Agneau divin est passé par la mort pour introduire les siens dans la Vie. « Cesse de craindre, ... je fus mort, et voici, je suis vivant pour les siècles des siècles » (I, 17s), tel est son premier message au Voyant de Patmos. Certes, les fidèles en proie à l'hostilité du monde attendent avec impatience son retour. Mais le message de Patmos, c'est un message d'espérance et de fidélité, sans compromission avec le monde, c'est aussi le message qui s'ouvre sur l'attente qu'un jour les hommes de toutes nations, tribus, peuples et langues conflueront vers la nouvelle Jérusalem.

Avertissement au lecteur

Nous ne visons pas à composer un commentaire détaillé de l'Apocalypse. En français nous disposons de ceux d'Allo, de Brütsch et surtout de Prigent (voir la bibliographie), mais nous chercherons à fournir les indications nécessaires pour permettre une compréhension globale du texte en évitant les contresens les plus répandus. Comme l'avaient si bien fait L. Cerfaux et J. Cambier, nous insisterons sur les passages de l'Ancien Testament qui servirent de point de départ à la méditation de Jean. Ainsi comprend-on mieux que l'Apocalypse n'est pas œuvre d'imagination pure ni chronique anticipée des événements de la Fin, mais relecture de l'Écriture dans la foi au Christ pascal. Pour de nombreuses explications de détail, les notes de la TOB fournissent un excellent point de départ où l'on retrouve les grandes orientations de P. Prigent. La traduction ici imprimée est la Traduction liturgique officielle.

APOCALYPSE 1

Invitation à lire

1 1 *Apocalypse (ou Révélation) de Jésus Christ,*
à qui Dieu l'a confiée
pour montrer à ses serviteurs, les fidèles,
ce qui doit arriver bientôt.
Il l'a fait connaître à son serviteur Jean,
en lui envoyant son Ange.
2 *Jean atteste comme parole de Dieu*
et témoignage de Jésus Christ
tout ce qu'il a vu.
3 *Heureux celui qui lit,*
heureux ceux qui écoutent
les paroles de cette prophétie
et gardent fidèlement son contenu,
car le temps est proche.

Le premier mot, *apokalupsis*, révélation, a été retenu pour désigner le genre littéraire auquel se rattache Jean (p. 18). Il s'agit d'un message d'actualité : *« ce qui doit arriver bientôt »* ! Les formules de ce type abondent dans l'Apocalypse (**2**, 16 ; **3**, 11 ; **22**, 7.12.20) ; il faudra s'interroger sur leur valeur exacte. Entre Dieu et la communauté à qui le message est destiné, toute une chaîne de transmetteurs : le Christ, l'ange interprète, Jean. Ce rôle des anges est traditionnel dans les apocalypses, mais nous verrons que Jean prend bien soin de s'opposer à toute survalorisation de leur fonction (**19**, 10 ; **22**, 9). Au terme traditionnel de « *Parole de Dieu* » s'adjoint celui de *« témoignage de Jésus Christ »* : c'est en effet le Christ, en tant que témoin fidèle (**1**, 5), qui va dévoiler le sens des événements tout proches. À juste titre, J.-P. Prévost propose comme première clef de lecture *« Découvrir le Christ de l'Apo-*

calypse[1] ». La première des sept béatitudes s'adresse au lecteur et à la communauté rassemblée pour l'entendre (cf. tableau des béatitudes, *infra*, p. 138).

Dialogue liturgique

1 4 *Moi, Jean, je m'adresse aux sept Églises*
qui sont en Asie Mineure.
Que la grâce et la paix vous soient données,
de la part de Celui qui est, qui était et qui vient,
de la part des sept esprits qui sont devant son trône,
5 *de la part de Jésus Christ, le témoin fidèle,*
le premier-né d'entre les morts
le souverain des rois de la terre.
À lui qui nous aime,
qui nous a délivrés de nos péchés par son sang,
6 *qui a fait de nous*
le royaume et les prêtres de Dieu son Père,
à lui gloire et puissance
pour les siècles des siècles. Amen.
7 *Voici qu'il vient parmi les nuées,*
et tous les hommes le verront,
même ceux qui l'ont transpercé ;
et, en le voyant, toutes les tribus de la terre se lamenteront.
Oui, vraiment ! Amen !

8 *Je suis l'alpha et l'oméga,*
dit le Seigneur Dieu,
je suis celui qui est, qui était et qui vient,
le Tout-Puissant.

Voici comment on peut reconstituer cette liturgie d'ouverture :

Lecteur : *Grâces et paix vous soient données, de la part de Celui qui est, qui était et qui vient, de la part des sept esprits qui sont devant son trône et de la part de Jésus Christ, le témoin*

1. Jean-Pierre Prévost, *Pour lire l'Apocalypse,* éd. Novalis-Cerf, 1991, p. 13-24.

fidèle, le premier-né d'entre les morts et le prince des rois de la terre.

Répons de l'église : *À celui qui nous aime et nous a délivrés de nos péchés par son sang, et qui a fait de nous un royaume, des prêtres pour Dieu son Père, à lui gloire et pouvoir pour les siècles des siècles. Amen.*

Lecteur : *Voici, il vient au milieu des nuées et tout œil le verra et ceux mêmes qui l'ont transpercé ; toutes les tribus de la terre seront en deuil à cause de lui.*

Répons : *Oui ! Amen !*

Lecteur : *Je suis l'Alpha et l'Oméga, dit le Seigneur Dieu, Celui qui est, qui était et qui vient, le Tout-Puissant.*

Le souhait de « grâce et de paix » est une formule liturgique que l'on trouve habituellement en tête des épîtres du Nouveau Testament. Ce qui caractérise notre texte, c'est le développement de la titulature divine. En Exode (**3**, 14) Dieu se présentait comme *« Celui qui est »*. À la manière juive, l'Apocalypse développe constamment le sens du Nom divin, ici avec une insistance spéciale sur la manifestation attendue.

Nous reviendrons sur les titres décernés à Jésus Christ. La première acclamation le salue comme *« Celui qui nous aime »*, avec l'emploi d'un participe présent qui souligne la durée. Ce cri du cœur nous donne le ton pour lire la suite : tout ce que fait le Christ, c'est par amour pour les siens. Il a versé son sang pour constituer le véritable peuple de Dieu, capable d'offrir par toute son existence le sacrifice de louange. La reprise des termes qui, en Exode **19**, 6, définissaient la vocation d'Israël, reviendra en **5**, 10 et **20**, 6 : le nouveau peuple de Dieu doit accomplir en plénitude la mission qui déjà incombait à Israël.

D'après le verset 7, on devine que le lecteur a lu un extrait de Daniel (**7**, 13) et un autre de Zacharie **12**, 10-14. Le commentaire en sera donné au cours des visions suivantes, mais dès à présent la communauté doit se préparer à accueillir Celui qui vient.

LA VISION INAUGURALE DE JEAN

1 9 *Moi, Jean,*
votre frère et compagnon
dans la persécution, la royauté et l'endurance avec Jésus,
je me trouvais dans l'île de Patmos
à cause de la parole de Dieu
et du témoignage pour Jésus.
10 *C'était le jour du Seigneur ;*
je fus inspiré par l'Esprit,
et j'entendis derrière moi une voix puissante,
pareille au son d'une trompette.
11 *Elle disait :*
« Ce que tu vois, écris-le dans un livre
et envoie-le aux sept Églises :
à Éphèse, à Smyrne, à Pergame, à Thyatire,
à Sardes, à Philadelphie et à Laodicée. »

12 *Je me retournai pour voir qui me parlait.*
Quand je me fus retourné,
je vis sept chandeliers d'or ;
13 *et au milieu d'eux comme un fils d'homme,*
vêtu d'une longue tunique ;
une ceinture d'or lui serrait la poitrine ;
14 *sa tête et ses cheveux blancs étaient*
comme de la laine blanche,
comme la neige,
et ses yeux comme une flamme ardente ;
15 *ses pieds ressemblaient à du bronze précieux*
affiné au creuset,
et sa voix était comme la voix des océans ;
16 *il avait dans la main droite sept étoiles ;*
de sa bouche sortait un glaive acéré à deux tranchants.
Son visage brillait comme le soleil dans toute sa puissance.
17 *Quand je le vis,*
je tombai comme mort à ses pieds,
mais il posa sur moi sa main droite, en disant :
« Sois sans crainte.
Je suis le Premier et le Dernier,
18 *je suis le Vivant :*
j'étais mort,

mais me voici vivant pour les siècles des siècles,
et je détiens les clés de la mort et du séjour
des morts.
19 *Écris donc ce que tu auras vu :*
ce qui arrive maintenant,
et ce qui arrivera ensuite.
20 *Voilà le sens secret des sept étoiles*
que tu as vues dans ma main droite
et des sept chandeliers d'or :
les sept étoiles sont les Anges des sept Églises,
et les sept chandeliers sont les sept Églises. »

À la manière des prophètes de l'Ancien Testament, Jean rapporte la vision qui l'a établi dans sa mission. Ce verset 9 est le seul qui nous renseigne sur la situation du Voyant, exilé dans l'île de Patmos. La coutume de reléguer des suspects ou des condamnés dans une petite île est bien attestée pour l'époque, mais on n'a pas d'autre attestation pour Patmos.

Le premier titre à intervenir auprès de communautés exposées à la tourmente, c'est que lui-même est leur frère et leur compagnon dans l'épreuve (**1**, 9). Il ne se donne jamais le titre d'apôtre, mais celui de prophète qui a reçu l'Esprit pour transmettre le témoignage de Jésus (cf. **19**, 10).

Après une brève indication sur le cadre, la vision se déroule en deux temps : d'abord une évocation grandiose du Fils d'homme en termes cosmiques, puis l'interprétation avec le message à transmettre aux sept Églises[1].

Le « *jour du Seigneur* » correspond au jour de la résurrection où, par deux fois, le Christ s'est manifesté aux apôtres, réunis dans le Cénacle (Jn **20**, 19.26). C'est le premier Jour de la semaine que les fidèles adopteront très tôt pour leurs réunions liturgiques, se distinguant ainsi des Juifs pour qui le Jour du Seigneur est le septième de la semaine. Ignace d'Antioche reprochera à certains fidèles de conserver l'usage juif du sabbat (Magnésiens **IX**, 1).

---

1. Pour une explication plus complète de la vision, voir mon livre *Exégèse et Liturgie* (LD 133), p. 289-292.

Le premier objet qui frappe l'attention de Jean, ce sont les sept chandeliers d'or ; ensuite il aperçoit comme un Fils d'homme. Le lien entre les deux, tel est le sens fondamental de la vision. Dans le temple de Jérusalem, un chandelier d'or aux sept branches signifiait la présence perpétuelle de Dieu (Ex **25**, 31-40 ; **27**, 20s) ; objet de culte si caractéristique qu'il est sculpté sur l'arc de triomphe de Titus à Rome. Ici, il s'agit de sept chandeliers, sans doute disposés en cercle autour du Fils d'homme. Provenant de Daniel 7, cette expression n'apparaît dans les Évangiles que sur les lèvres du Christ ; jamais on ne la trouve dans les confessions de foi de la communauté chrétienne. Pour relater cette apparition du Christ, on se serait attendu à ce que Jean utilise le même style que les récits d'apparition du Ressuscité. Il n'en est rien ; le temps pascal est clos. Très majestueux, le texte part de Daniel 7 pour évoquer le Fils d'homme à qui la royauté est conférée par l'Ancien des Jours (v. 14) ; d'autres traits correspondent à la description de l'Ange révélateur en Daniel (**10**, 5-6). Désormais ce ne sont plus des anges qui nous transmettent le message divin, mais le Christ lui-même, et cela d'abord par Sa présence. Alors que Jean et les fidèles souffrent persécution, ils sont donc assurés que le Christ est au milieu d'eux, chaque fois qu'ils se rassemblent pour célébrer Son jour et entendre le message de conversion et de persévérance. Dans *la Messe sur le Monde*, Teilhard de Chardin s'est heureusement inspiré de ce passage pour souligner la grandeur cosmique du Christ :

Christ glorieux,
influence secrètement diffuse au sein de la matière,
et centre éblouissant où se relient les fibres
sans nombre du multiple,
puissance implacable comme le monde et chaude comme la vie,
vous dont le front est de neige, les yeux de feu,
les pieds plus étincelants que l'or en fusion,
vous dont les mains emprisonnent les étoiles,
vous êtes le premier et le dernier,
le mort, le vivant
et le ressuscité...

Les sept étoiles, dans la main du Christ, correspondent à la flamme des sept chandeliers. Quant au glaive à double tranchant, c'est le symbole ordinaire de la Parole de Dieu (Is **49**, 2) : « *Vivante, en effet, est la parole de Dieu, énergique, et plus tranchante qu'aucun glaive à deux tranchants.* » (He **4**, 12.) L'examen de conscience qui suivra, dans les lettres aux sept Églises, en sera l'illustration. En finale, le glaive acéré frappera les nations idolâtres (**19**, 15).

Le contraste est saisissant entre le caractère grandiose, presque terrible de la vision, et le geste et les paroles qui suivent. Poser sa main droite sur quelqu'un, c'est un geste qui marque l'amitié, l'appartenance et donc signifie la protection. Comme dans les oracles de salut de l'Ancien Testament (par ex. Is **41**, 10.14 ; **43**, 5...), les premiers mots du Christ visent donc à dissiper toute crainte. L'encouragement est motivé par une déclaration qui s'inspire du second Isaïe : « *Je suis le Premier et le Dernier.* » (Is **44**, 6 et **48**, 12.) Ce qui était dit de Dieu dans l'Ancien Testament est ici appliqué au Christ (comme en **2**, 8) : il est le Vivant par excellence.

Pourtant, entre le début et l'état présent s'est produite une péripétie : « *Je devins mort, mais voici que je suis vivant pour les siècles des siècles.* » L'antithèse entre la mort et la vie est renforcée par l'opposition entre le verbe du devenir et celui de l'existence stable. Parce que le Christ a lui-même fait la dure expérience de la mort et qu'il en a triomphé, il détient sur elle tout pouvoir. C'est ce qu'exprime l'image des clefs (Ap **3**, 7).

De la mort à la vie, voilà le grand message de Pâques, actualisé par le Voyant de Patmos. En termes apocalyptiques, le texte ne fait que reprendre l'affirmation pleine d'assurance de Jésus par laquelle se conclut l'évangile de Matthieu : « *Voici que je suis avec vous tous les jours jusqu'à la consommation des siècles.* » (Mt **28**, 20.) En même temps qu'il transmet un message de réconfort, le Voyant ne fixe-t-il pas une tâche aux églises ? Comme le chandelier d'or marquait la présence de Yahvé en son Temple, les églises doivent être, par leur existence dans le monde, le signe vivant de la victoire du Ressuscité : « *Vous êtes la lumière du monde.* » (Mt **5**, 14.)

Reprenant l'ordre déjà donné au verset 11, le verset 19 semble apporter le plan de l'ouvrage : *« Écris donc ce que tu as vu, ce qui est et ce qui doit arriver bientôt. »* En réalité il s'agit d'une formule de totalité ; comme nous le verrons, les plans s'entremêlent constamment dans les visions. Le présent prend son sens, quand il est confronté à l'histoire et situé par rapport à l'achèvement du plan du salut.

Le verset 20 forme transition avec la suite. Comme ailleurs dans l'Apocalypse, le mot mystère a la signification de sens symbolique. Si la signification des chandeliers est facile à saisir, il n'en va pas de même pour les sept étoiles, identifiées aux anges des églises. Dans les apocalypses, les réalités de la terre ont leur double dans le monde céleste. De même que les nations ont leur ange protecteur au ciel (d'après Dt **32**, 8 grec ; Dn **10**, 20), les églises sont représentées chacune par leur ange au ciel. De manière plus précise, on peut y voir les figures des responsables de communautés.

LES ANGES DES ÉGLISES

Nommés soixante fois environ, les anges tiennent une grande place dans l'Apocalypse. Notre passage est le seul cependant à parler des anges des églises. Ils apparaissent comme les destinataires immédiats du message et responsables de la bonne marche des communautés ou de leurs défaillances. De qui s'agit-il ?

Pour les uns il s'agirait d'une simple personnification des communautés, « leur double-moi, plus exactement leur nouvelle dignité, leur existence spirituelle ». On n'explique pas l'emploi du mot ange en ce sens ; et pourquoi le symbole des chandeliers ne suffirait-il pas à exprimer cette idée ?

Pour d'autres, il s'agit des anges protecteurs des églises au ciel. Cette explication est meilleure, car elle correspond à une conception familière au judaïsme. Mais ne donne-t-elle pas trop d'importance aux anges, alors que l'Apocalypse lutte contre un culte exa-

géré des êtes célestes (**19**, 10 ; **22**, 9), tout comme l'épître aux Colossiens écrite par Paul à une communauté voisine (Col **2**, 18) ?
Si l'on tient compte de plusieurs textes de l'Ancien Testament, on verra dans les anges des églises la figure des responsables des communautés[1]. Le prophète Aggée reçoit en effet le titre d'*aggelos Kyriou*, messager du Seigneur (Ag **1**, 13 selon le grec). En Malachie (**2**, 7) le prêtre est considéré comme le *« messager du Seigneur tout-puissant »*, parce qu'il est chargé d'enseigner la loi aux fidèles. La comparaison d'un chef de communauté avec une étoile (**1**, 20) s'explique aussi par la promesse faite en Daniel **12**, 3 : ceux qui enseignent la justice à la multitude brilleront comme des étoiles pour l'éternité.
Selon Actes **20**, 17, la communauté d'Éphèse est dirigée par un groupe d'Anciens que l'Esprit Saint a établis comme « épiscopes » afin de veiller sur le troupeau des fidèles (Ac **20**, 28). Peu de temps après l'Apocalypse, Ignace d'Antioche témoigne du fait que chacune des communautés d'Asie Mineure a à sa tête un épiscope, assisté d'un groupe de presbytres (Anciens) et de diacres. Ainsi écrit-il aux chrétiens d'Éphèse :
« Aussi convient-il de marcher d'accord avec la pensée de votre évêque, ce que d'ailleurs vous faites. Votre presbyterium (collège des anciens) *justement répété, digne de Dieu, est accordé à l'évêque comme les cordes à la cithare ; ainsi, dans l'accord de vos sentiments et l'harmonie de votre charité, vous chantez Jésus Christ. »* (**IV**, 1)

---

1. Voir ma présentation de l'origine et du développement des ministères chrétiens dans le Cahier Évangile n° 72, Les Épîtres pastorales et surtout J. Delorme (éd.), *Le ministère et les ministères selon le Nouveau Testament*, Paris, Seuil, 1974.

LETTRES AUX SEPT ÉGLISES

Les lettres aux Églises constituent un ensemble à part dans l'Apocalypse, et pourtant on ne saurait les isoler complètement. Le contenu nous permet de saisir les problèmes qui se posaient aux communautés ; les promesses au vainqueur annoncent les chapitres sur la Jérusalem nouvelle. Les allusions aux paroles du Christ dans l'Évangile sont beaucoup plus nombreuses que dans le reste du livre, aussi ces lettres apparaissent-elles comme la partie la plus accessible pour une lecture spirituelle.

GÉNÉRALITÉS

Le texte témoigne de la rapide extension du christianisme en Asie Mineure. Les sept Églises sont disposées sur une espèce de cercle, si bien qu'on peut imaginer la route suivie par le porteur de l'Apocalypse pour lire le message et l'expliquer de place en place. Deux seulement de ces sept communautés sont mentionnées dans les Actes des Apôtres ou dans les lettres de Paul : Éphèse et Laodicée (Col 4, 16). Pour Éphèse, Philadelphie, Smyrne, nous disposons de renseignements précis dans la correspondance d'Ignace, évêque d'Antioche : condamné à être livré aux bêtes à Rome, il écrivit en effet aux communautés d'Asie Mineure qui l'avaient accueilli durant son pénible voyage. Pour les autres, Pergame, Thyatire, Sardes, l'Apocalypse fournit le plus ancien témoignage sur leur histoire. De toute façon, nous savons que l'évangélisation de l'Asie Mineure s'est réalisée rapidement, comme en témoigne l'en-tête de la 1re lettre de Pierre.

Les sept lettres aux Églises sont rédigées selon le même schéma, qui est sans analogie avec les autres lettres du Nouveau Testament :

• une adresse rédigée selon le style du messager, qu'affectionnaient les prophètes de l'Ancien Testament : *« Ainsi parle le Sei-*

gneur... » Des titres variés, en partie repris de la vision inaugurale, y sont attribués au Christ.

• un examen de conscience, commençant par ces mots : « *Je sais* ». Éloges et blâmes alternent le plus souvent avec une invitation pressante à la conversion. On note l'absence de reproches pour Smyrne et Philadelphie, tandis que Sardes et Laodicée reçoivent des reproches particulièrement sévères.

• en finale, des promesses adressées au Vainqueur et une pressante invitation à écouter le message de l'Esprit. Nous reviendrons à propos du chapitre 5 verset 5 sur l'importance du verbe « *vaincre* », caractéristique de l'Apocalypse (employé 17 fois sur 28 dans le Nouveau Testament).

Les interprètes se partagent schématiquement entre deux tendances : les uns, à la suite de Ramsey, cherchent en chacune des lettres les particularités qui correspondent strictement à l'église en question, les autres veulent découvrir, dans l'architecture des lettres avec leur alternance de compliments et de blâmes, un enseignement général sur la vie en église et même sur l'histoire de l'Église (les sept âges !). La première explication présente le plus de vraisemblance, mais on ne saurait la durcir, car chacun des messages particuliers a valeur en même temps pour la totalité de l'Église, comme l'affirment les finales : « *Celui qui a des oreilles, qu'il entende ce que l'Esprit dit aux Églises.* »

LETTRE À L'ÉGLISE D'ÉPHÈSE

2 1 *Tu écriras ceci*
à l'Ange de l'Église qui est à Éphèse :

Ainsi parle celui qui tient les sept étoiles
dans sa main droite,
qui marche au milieu des sept chandeliers d'or :
2 *Je connais ta conduite, ton labeur, ta persévérance,*
je sais que tu ne peux supporter les méchants ;
tu as mis à l'épreuve ceux qui se disent apôtres,
et ne le sont pas ;
tu as constaté qu'ils étaient des menteurs.

3 *Tu ne manques pas de persévérance,*
car tu as beaucoup supporté pour mon nom,
sans jamais te lasser.

4 *Mais j'ai contre toi*
que tu as perdu ton amour des premiers temps.
5 *Rappelle-toi donc d'où tu es tombé,*
convertis-toi, reviens à ta conduite première.
Sinon je vais venir à toi
et je déplacerai ton chandelier, si tu ne te convertis pas.
6 *Pourtant ce que tu as de bon,*
c'est que tu détestes les agissements des Nicolaïtes,
que je déteste moi aussi.

7 *Celui qui a des oreilles, qu'il entende*
ce que l'Esprit dit aux Églises.
Le vainqueur, je lui donnerai à manger
du fruit de l'arbre de vie
qui est dans le Paradis de Dieu.

Célèbre par le temple d'Artémis, l'une des sept merveilles du monde, et par ses grimoires magiques (Ac **19**, 19), résidence du proconsul d'Asie, Éphèse comptait parmi les grandes métropoles de l'Empire romain. Au cours d'un long séjour, Paul y fonda une communauté dynamique (Ac **19**). Mais, curieusement, aucune allusion n'est faite ici à son action et à sa doctrine, comme si Éphèse était passée entièrement dans l'orbite johannique. Au début d'une lettre qui évoquera le souvenir de Paul (XII), Ignace d'Antioche présente la communauté comme *« prédestinée avant les siècles à une gloire éternelle et à une inébranlable unité »*, ce qui est bien éloigné des reproches du chapitre 2 (v. 4). Plus loin cependant, il réprimandera les Éphésiens pour leur peu d'assiduité à la célébration de l'Eucharistie (XIII, 1) et pour l'écart entre leur conduite et leur foi (XV, 1).

La titulature du Christ au début de la lettre se raccroche à la vision inaugurale, avec une nuance importante. Il ne se tient plus debout, mais marche au milieu des chandeliers. Cette notation prépare le grave avertissement du verset 5.

Les œuvres pour lesquelles Éphèse est complimentée sont de deux ordres : persévérance dans la foi malgré la persécution et discernement doctrinal. Les méchants, dont il est question ici, ce sont les faux apôtres, les partisans des Nicolaïtes (v. 6) qui, par leurs doctrines, troublent la communauté (voir encadré, p. 53). On voit par un texte presque contemporain, la *Didachè*, que l'accueil des missionnaires itinérants posait de difficiles problèmes.

« Si quelqu'un vient à vous et vous enseigne ce qui vient d'être dit, recevez-le. Mais si le docteur lui-même s'est perverti et enseigne une autre doctrine en vue de détruire, ne l'écoutez pas (...). Quiconque vient à vous au nom du Seigneur doit être reçu, mais ensuite, après l'avoir éprouvé, vous saurez discerner la droite de la gauche : vous avez votre jugement. » (*Didachè* XI, 1-2 et XII,1.)

Le discernement se fait ainsi d'après la doctrine et d'après la conduite pratique, en particulier le désintéressement du messager ; il faut qu'il ait *« les façons de vivre du Seigneur »* (XI, 8).

Jean fournit des critères doctrinaux qui se préciseront par la suite, le mensonge (v. 2), comme dans l'Évangile, désignant le refus de la doctrine de vérité. C'est ainsi que la 1re épître de Jean (**2**, 18-23 ; **4**, 1-6) dénonce vigoureusement les faux docteurs qui mettent en péril la foi en la réalité de l'incarnation du Christ. On retrouve chez Ignace la même polémique contre les Docètes qui mettaient en doute la réalité de l'incarnation (ainsi Éphésiens VII ; IX, 1 ; Magnésiens X, 1 ; Tralliens IX, 1, etc.).

Ferme dans la foi, l'église d'Éphèse a tenu bon dans la persécution. Le verbe traduit par *souffrir* signifie au sens propre : porter un lourd fardeau, comme celui de la croix (Lc **14**, 27 ; Jn **19**, 17). La formule *« à cause de mon nom »* revient constamment dans les annonces évangéliques de la persécution (Mt **10**, 22 ; **24**, 9).

Cependant, ni la foi ni l'endurance ne suffisent. La formule du verset 4 sur le relâchement de l'élan initial d'amour évoque les reproches de Jérémie (**2**, 2). De quel amour s'agit-il ? de l'entraide à l'intérieur de la communauté comme y exhorte la lettre de Jean (1 Jn **3**, 16-18), ou de l'amour pour Dieu ? On ne saurait dissocier les deux dimensions de l'*agapè* chrétienne (voir 1 Jn **3**, 11-16). La situation n'est pourtant pas désespérée, d'où l'appel pressant à la conversion, comme le faisaient les prophètes de l'Ancien Testament, Jean Baptiste et Jésus lui-même dans sa prédication en Galilée (Mc 1, 15 *par.*). Comme souvent chez les prophètes, l'appel à la conversion s'accompagne d'une menace conditionnelle : « *Sinon, je viens à toi.* » De quelle venue s'agit-il ? Ce ne peut être la venue de la parousie, qui pour les chrétiens est source d'espérance, mais l'intervention du Christ dans l'histoire de la communauté.

L'invitation à écouter est traditionnelle ; on la trouve à propos de la parabole du Semeur (Mc 4, 9 *par.*). Elle souligne la gravité du message (Ap 13, 9). Alors que la lettre nous était présentée comme le message direct du Christ, la conclusion fait intervenir l'Esprit. Certes l'Apocalypse n'explique guère la relation entre le Christ et l'Esprit, mais l'Évangile selon saint Jean apporte l'éclairage décisif. Souffle du Ressuscité (Jn 20, 22), l'Esprit est le Paraclet qui communique aux fidèles tout ce qu'il reçoit du Christ :

« *Lorsque viendra l'Esprit de vérité, il vous fera accéder à la vérité tout entière. Car il ne parlera pas de son propre chef, mais il dira ce qu'il entendra et il vous communiquera tout ce qui doit venir.* » (Jn 16, 13.)

La promesse au vainqueur évoque l'Arbre de vie, planté au milieu du paradis (Gn 2, 9 ; Ap 22, 2). On comprend donc que les Pères de l'Église aiment présenter la vie chrétienne comme une marche vers le paradis perdu. Il convient enfin de comparer entre elles toutes les promesses au Vainqueur pour entrevoir ce que sera la vie éternelle, dans l'intimité avec Dieu et le Christ. Si l'on tient compte d'un certain parallélisme avec la finale de la septième lettre qui évoque la Cène (Ap 3, 20), le fruit de l'arbre de vie peut évoquer le pain de l'Eucharistie qui confère la vie éternelle à ceux qui le reçoivent (Jn 6, 47sv et Ap 2, 17 : la manne cachée).

LETTRE À L'ÉGLISE DE SMYRNE

2 8 *Tu écriras encore ceci*
à l'Ange de l'Église qui est à Smyrne :

Ainsi parle celui qui est le premier et le dernier,
celui qui était mort et qui est revenu à la vie :
9 *Je connais ta détresse et ta pauvreté ;*
pourtant tu es riche.

Je connais les calomnies de ceux qui se disent Juifs :
ils ne le sont pas vraiment, c'est une synagogue de Satan.
10 *Sois sans aucune crainte pour ce que tu vas souffrir.*
Voici que le démon va jeter en prison certains des vôtres
pour vous mettre à l'épreuve,
et vous serez dans la détresse pendant dix jours.
Sois fidèle jusqu'à la mort,
et je te donnerai la couronne de la vie.

11 *Celui qui a des oreilles,*
qu'il entende ce que l'Esprit dit aux Églises.
Au vainqueur, la seconde mort ne pourra faire aucun mal.

Nous connaissons l'église de Smyrne par la lettre d'Ignace d'Antioche. Son évêque, Polycarpe, sera l'une des grandes figures chrétiennes de l'Asie du IIe siècle. Disciple de saint Jean, il mourut martyr vers 160. La lettre de la communauté racontant son arrestation et son supplice nous apporte l'une des plus anciennes attestations sur le culte des martyrs.

La titulature du Christ donne le ton, reprenant les termes mêmes du chapitre 1 (v. 17s). Les mots *« le Premier et le Dernier »*, à comparer avec *« l'Alpha et l'Oméga »* (**1**, 8), s'inspirent d'Isaïe (**44**, 6 ; **48**, 12). On constate ainsi comment l'Apocalypse transpose sur le Christ les attributs de Yahvé : indice très important pour déterminer la christologie du livre. Le rappel du mystère pascal convient bien à une lettre qui exhorte à la persévérance jusque dans la mort. Selon la doctrine même des Béatitudes, la pauvreté de Smyrne est richesse devant Dieu.

Ce qui nous surprend dans cette lettre, c'est la sévérité contre la *« synagogue de Satan »*. À cette époque, comme on le voit par le IVe Évangile, les chrétiens d'origine juive ont été expulsés de la synagogue (Jn **9**, 22 ; **12**, 42 ; **16**, 2). Ils se considèrent pourtant comme les véritables héritiers des promesses divines et attribuent à Satan, père du mensonge (Jn **8**, 44), la résistance de leurs compatriotes à la prédication évangélique. De leur côté, les Juifs se montrent hostiles aux chrétiens et n'hésitent pas à les dénoncer auprès des pouvoirs publics, comme ce sera le cas lors du procès de Polycarpe (Le Martyre de Polycarpe XII, 2 ; XIII, 1).

La persécution dont il est question ici est limitée dans le temps ; ce n'est pas encore la lutte implacable dont parlera le chapitre 13.

Dans l'Antiquité, la couronne se portait dans de multiples occasions. De laurier, elle couronnait le vainqueur des compétitions sportives (ainsi I Co **9**, 25) ; faite avec des fleurs, elle ornait la tête des convives d'un repas de fête. Par opposition aux ornements éphémères, la couronne que Dieu destine aux élus ne se flétrira pas (1 P **5**, 24). Ils n'ont donc pas à redouter la seconde mort (Ap **20**, 14 ; **21**, 8). Surtout, faite de métaux précieux, la couronne apparaît comme l'insigne des rois. Les vingt-quatre Anciens en sont pourvus (**4**, 10). Parce qu'ils sont associés à la royauté du Christ (**1**, 6 ; **2**, 26 ; **5**, 10...), les chrétiens fidèles reçoivent donc ainsi une couronne royale.

LETTRE À L'ÉGLISE DE PERGAME

2 12 *Tu écriras encore ceci*
à l'Ange de l'Église qui est à Pergame :

Ainsi parle celui qui a le glaive acéré à deux tranchants :
13 *Je sais où tu demeures,*
c'est là que Satan a son trône ;
mais tu tiens ferme à mon nom,
et tu n'as pas renié la foi en moi,
même dans les jours où Antipas, mon témoin fidèle,
a été mis à mort chez vous,
là où Satan demeure.

14 *Mais j'ai quelque chose contre toi :*
tu as là des gens attachés à la doctrine de Balaam,
qui enseignait à Balak le moyen de tendre un piège
aux fils d'Israël,
pour qu'ils mangent des viandes offertes aux idoles
et qu'ils se prostituent.
15 *De même,*
tu as toi aussi des gens attachés à la doctrine des
Nicolaïtes.
16 *Convertis-toi donc :*
sinon je viens à toi sans tarder,
et je les combattrai avec le glaive qui sort de ma bouche.

17 *Celui qui a des oreilles,*
qu'il entende ce que l'Esprit dit aux Églises.
Au vainqueur je donnerai de la manne cachée ;
je lui donnerai aussi une pierre blanche,
avec, écrit sur cette pierre,
un nom nouveau que personne ne connaît
sauf celui qui la reçoit.

Bâtie sur une hauteur escarpée, la ville de Pergame fut la capitale d'un royaume hellénistique, célèbre par sa lutte contre les Galates. Un autel monumental à Zeus dominait la ville, avec des bas-reliefs illustrant les combats des dieux contre les géants, bas-reliefs transportés à Berlin. Le dernier des rois de Pergame, Attale III, fit don de son royaume à Rome (en 133 av. J.-C.), aussi la ville devint-elle la première capitale de l'Asie romaine. Ce fut aussi la première cité à élever un temple à Rome et à Auguste (en 29 avant notre ère). Rien d'étonnant à ce qu'elle soit considérée comme « *le trône de Satan* ».

La persécution durant laquelle mourut Antipas semble relativement ancienne, comme le marque l'expression « *aux jours de* », mais nous ne savons rien d'autre sur ce « *témoin* » dont l'exemple a marqué la communauté de Pergame.

Au courage des uns s'oppose la conduite des Nicolaïtes, partisans d'un compromis avec le pouvoir romain (voir encadré). Avec une vigueur toute prophétique, Jean met les fidèles au pied du mur : qu'ils se repentent, alors qu'il en est encore temps !

La promesse de la manne cachée fait allusion à la croyance juive selon laquelle la manne était tenue en réserve au paradis (Baruch syriaque XXVIII, 8). Dans le discours sur le Pain de vie, c'est la figure de l'Eucharistie, aliment de la vie éternelle (Jn **6**). Le bonheur promis au Vainqueur sera donc l'aboutissement de sa participation à l'Eucharistie. « *Le nom nouveau* » qui lui est promis (voir aussi **3**, 12) manifeste la dimension éminemment personnelle de la béatitude ; le Bon Pasteur appelle chacune de ses brebis par son nom (Jn **10**, 3).

LES NICOLAÏTES

L'origine du groupe des Nicolaïtes est obscure. Peu cohérentes entre elles, les notices des Pères de l'Église ne nous permettent pas de déterminer l'orientation morale du groupe, laxiste ou ascétique. Il faut nous contenter des seules données de l'Apocalypse (**2**, 6.15). Pour stigmatiser l'erreur des Nicolaïtes, Jean recourt à des figures de l'Ancien Testament : Balaam (**2**, 14), Jézabel (**2**, 20). Selon la tradition juive, Balaam est le devin qui conseilla au roi de Moab de tendre un piège aux Israélites (cf. Nb **25**) en les faisant participer au culte licencieux du Baal Peor. Véritable apostasie qui fut durement châtiée. Quant à Jézabel, la reine d'origine tyrienne, elle introduisit le culte de Baal à Samarie (1 R **16**, 31 ; 2 R **9**, 32) et fut l'âme damnée d'Achab. Selon la doctrine prophétique (Os **1-3**), le culte des dieux étrangers par Israël constitue une véritable prostitution.
Les Nicolaïtes seraient-ils donc des apostats ? En ce cas, les vrais fidèles ne se seraient sans doute pas laissés abuser par leur doctrine. Il semble donc que la difficulté concrète portait sur les « *viandes offertes aux idoles* » ou idolothytes : pouvait-on les acheter sur le marché ? pouvait-on participer aux banquets sacrés, pour ne pas se couper de la société ? Le décret de l'Assemblée de Jérusalem condamnait purement et simplement l'usage de ces viandes (Act **15**, 20.29). Dans 1 Corinthiens **8-10**, Paul apporte une réponse nuancée à ce difficile problème, faisant appel à la conscience de chacun, du moment qu'est évité tout scandale. Mais en ce qui concerne la participation aux banquets dans un temple, Paul répondait par un « Non » catégorique (1 Co **10**, 14-22).
Les Nicolaïtes, semble-t-il, partaient du principe que les idoles ne sont rien (1 Co **8**, 4) et que ce qui compte, c'est l'attachement intérieur à Dieu. Pour justifier leur position, invoquaient-ils une connaissance supérieure de la divinité ? et seraient-ils des ancêtres des gnostiques ? En leur reprochant de sonder « *les profondeurs de Satan* » (**2**, 24), Jean retournerait alors de façon sarcastique leurs prétentions. On peut penser aussi que, par un faux spiritualisme qui tient le corps et l'agir extérieur pour négligeables, les Nicolaïtes estimaient sans conséquence la participation aux fêtes païennes. Ils y voyaient donc, semble-t-il, non un acte proprement religieux, mais seulement une manifestation de loyalisme politique. Risquer sa vie en refusant d'y participer leur apparaissait totalement déraisonnable. Peu de temps après, Ignace d'Antioche s'opposera sur

ce point aux Docètes (lettre aux Tralliens X). Dans cette situation confuse, Jean proclame donc l'absolu de l'attachement personnel et communautaire au Christ : pas de *combinazione* ! Ainsi se comprend mieux l'importance des exhortations au martyre dans toute l'Apocalypse.

Lettre à l'Église de Thyatire

2 18 *Tu écriras encore ceci*
à l'Ange de l'Église qui est à Thyatire :

Ainsi parle le Fils de Dieu,
celui qui a les yeux comme une flamme ardente
et les pieds semblables au bronze précieux :
19 *Je connais ta conduite,*
ton amour, ta foi, ton sens du service, ta persévérance,
et ta conduite plus active ces derniers temps qu'au début.

20 *Mais j'ai quelque chose contre toi :*
tu laisses faire Jézabel,
cette femme qui se dit prophétesse,
et qui égare mes serviteurs
en leur enseignant à se prostituer
et à manger des viandes offertes aux idoles.
21 *Je lui ai donné du temps pour se convertir,*
mais elle ne veut pas se convertir de sa prostitution.
22 *Voici que je vais la mettre au lit,*
ainsi que ceux qui ont commis l'adultère avec elle ;
ils seront dans une grande détresse,
à moins qu'ils ne se convertissent
de la conduite qu'elle leur a fait mener.
23 *Je vais aussi mettre à mort ses enfants,*
et toutes les Églises sauront que moi,
je scrute les reins et les cœurs,
et je vous donnerai à chacun
selon votre conduite.
24 *Et vous, les autres membres de l'Église de Thyatire,*
vous tous qui ne suivez pas cette doctrine
et qui ne connaissez pas

les prétendues « profondeurs de Satan »,
je vous déclare
que je ne vous imposerai pas de nouveau fardeau ;
25 *mais tenez fermement ce que vous avez,*
jusqu'à ce que je vienne.

26 *Le vainqueur,*
celui qui garde jusqu'à la fin la conduite que je prescris,
je lui donnerai pouvoir sur les nations ;
27 il les mènera avec un sceptre de fer,
il les brisera comme un vase de potier
28 – *de même que moi aussi, j'ai reçu pouvoir de mon Père* –
et je lui donnerai l'étoile du matin.

29 *Celui qui a des oreilles,*
qu'il entende ce que l'Esprit dit aux Églises.

La ville de Thyatire était célèbre par ses artisans de bronze : cela pourrait expliquer l'évocation des pieds du Christ, faits de bronze précieux ! Ce trait, venu de la vision inaugurale (1, 15), oppose en tout cas la solidité inébranlable du Christ à la statue aux pieds de fer et d'argile, vue par Daniel (2, 33).

La liste des bonnes œuvres est la plus détaillée de toutes ; elle comporte le terme de service *(diakonia)*, si typique de la langue chrétienne : le Christ n'en a-t-il pas donné l'exemple, en lavant les pieds de ses disciples (Jn 13, 1-17 et Lc 22, 26s) ? Malgré leurs qualités de vie communautaire, les fidèles de Thyatire manquent de rigueur : ils laissent les partisans de Jézabel développer leur propagande. Le rude châtiment dont le Christ les menace n'apparaît cependant pas comme définitif : il s'agit plutôt d'un appel à la conversion, pendant qu'il en est encore temps.

Dans cette situation critique, la sentence au Vainqueur reçoit d'amples développements. Le Christ promet d'associer ceux qui tiendront jusqu'au bout à son pouvoir royal. Le texte s'inspire du Psaume 2, psaume royal à l'origine, relu dans le judaïsme avec un sens messianique. Selon le texte hébreu, le roi détruira les ennemis avec une verge de fer. La traduction grecque a remplacé le verbe détruire par un autre qui signifie faire paître, présentant ainsi le Messie comme le Bon Pasteur. Pourtant, le maintien de l'expression *« avec une verge de fer »* enlève au passage toute mièvrerie. Bon Berger, le Christ n'en est pas moins le Seigneur qui exige une entière fidélité.

LETTRE À L'ÉGLISE DE SARDES

3 1 *Tu écriras encore ceci*
à l'Ange de l'Église qui est à Sardes :

Ainsi parle celui qui a les sept esprits de Dieu
et les sept étoiles :
Je connais ta conduite :
tu as la réputation d'être vivant,
et tu es mort.
2 *Sois vigilant, raffermis ce qui te reste*
et qui est en train de mourir,
car je n'ai pas trouvé que ta conduite soit parfaite
devant mon Dieu.
3 *Rappelle-toi donc comment tu as reçu et entendu*
la Parole ;
garde-la fidèlement et convertis-toi.
Si tu ne veilles pas,
je viendrai comme un voleur
et tu ne sauras pas
à quelle heure je viendrai te surprendre.

4 *Mais chez toi, à Sardes,*
il y en a quelques-uns qui n'ont pas sali leurs vêtements ;
habillés de blanc, ils marcheront avec moi,
car ils l'ont bien mérité.
5 *C'est ainsi que le vainqueur portera des vêtements blancs.*
Jamais je n'effacerai son nom du livre de la vie ;
je me prononcerai pour lui
devant mon Père et devant ses anges.

6 *Celui qui a des oreilles,*
qu'il entende ce que l'Esprit dit aux Églises.

Ancienne capitale du royaume de Lydie, la ville de Sardes était bâtie sur une acropole difficilement accessible ; un ruisseau, le

Pactole, célèbre par ses pépites d'or, traversait l'agora. En dépit de cette forte position, les ennemis avaient par deux fois escaladé les remparts, *« comme un voleur dans la nuit »*. L'exhortation à la vigilance prend de ce fait un relief tout particulier.

L'adresse de la lettre rappelle l'autorité absolue du Christ sur les sept esprits de Dieu, sans doute les sept archanges mentionnés en **1**, 4 et **4**, 5, et les sept étoiles représentant les anges des églises. L'examen de conscience est terrible : déjà dans l'Ancien Testament Dieu nous était présenté comme celui qui ne juge pas selon les apparences, mais selon le cœur (1 S **16**, 7). Malgré les apparences, la communauté est sur le point de mourir.

La monition du Christ retentit comme un coup de tocsin : *« Souviens-toi. . »* Toute la Bible nous invite au souvenir actif de tout ce que Dieu a fait pour nous. Le Deutéronome en particulier invite sans cesse à se souvenir de la manière dont Dieu a fait l'éducation du peuple par la libération d'Égypte et la conduite au désert (ainsi Dt **8**, 2-6). Il s'agit pour les fidèles de Sardes de se rappeler quelle joie a provoquée en eux l'acceptation de la Parole divine et de retrouver la ferveur passée (à comparer avec Ap **2**, 4 et He **10**, 32). Autrement le Christ viendra à l'improviste comme le voleur de la parabole (Mt **24**, 42s. Voir aussi Ap **16**, 15).

À la sévérité des reproches s'opposent le verset 4 avec la mention de quelques chrétiens qui se montrent dignes de la grâce de leur baptême et surtout le développement des promesses faites au vainqueur. L'évocation des vêtements resplendissants de lumière revient souvent dans les apocalypses juives (à comparer avec Mc **9**, 3 *par.*). Selon Hénoch (LXII, 15s) : *« Les justes seront revêtus d'un vêtement de gloire », « vêtement de la vie que donne le Seigneur des esprits. »* Jean christianise le thème : c'est grâce au sang de l'Agneau que les fidèles peuvent revêtir la parure céleste (**7**, 14).

Quand il invitait ses disciples à la fermeté dans la persécution, le Christ leur avait fait la promesse de se déclarer pour eux devant son Père, lors du jugement (Mt **10**, 32). En contrepartie, il refuserait de reconnaître pour siens ceux qui l'auraient renié devant les hommes. Ici, seule la première perspective est retenue. C'est donc sur une note de confiance que se termine cette lettre, si sévère dans son ensemble.

LETTRE À L'ÉGLISE DE PHILADELPHIE

3 7 *Tu écriras encore ceci*
à l'Ange de l'Église qui est à Philadelphie :

Ainsi parle le Saint, le Véritable,
celui qui a la clef de David,
celui qui ouvre et personne ne fermera,
celui qui ferme et personne ne peut ouvrir :
8 *Je connais ta conduite ;*
voici que j'ai mis devant toi une porte ouverte
que personne ne peut fermer,
parce qu'avec le peu de forces que tu possèdes,
tu as gardé ma parole et tu n'as pas renié mon nom.
9 *Voici que je vais te donner*
des gens de la synagogue de Satan,
eux qui se disent Juifs et qui ne le sont pas,
mais qui mentent.
Voici que je les ferai venir et se prosterner à tes pieds,
et ils reconnaîtront que moi,
je t'ai aimé.

10 *Puisque tu as gardé ma consigne de persévérance,*
moi aussi je te garderai de l'heure d'épreuve
qui va venir sur le monde entier
pour éprouver les habitants de la terre.
11 *Je viens sans tarder :*
tiens fermement ce que tu as,
pour que personne ne te prenne ta couronne.

12 *Le vainqueur, j'en ferai une colonne*
dans le temple de mon Dieu ;
il n'en sortira plus jamais,
et j'écrirai sur lui le nom de mon Dieu
et celui de la cité de mon Dieu,
la nouvelle Jérusalem
qui descend du ciel
d'auprès de mon Dieu,
ainsi que mon propre nom nouveau.

13 *Celui qui a des oreilles,*
qu'il entende ce que l'Esprit dit aux Églises.

Toute remplie d'éloges, la lettre à Philadelphie forme un contraste saisissant avec les deux lettres qui l'encadrent, Sardes et Laodicée. La ville elle-même, de fondation récente, avait souffert d'un terrible tremblement de terre en l'an 17 : le verset 10 y ferait-il allusion ? Elle comptait un nombre de Juifs important ; quelques années plus tard, Ignace mettra les chrétiens en garde contre leur propagande : *« Si quelqu'un vous interprète l'Écriture selon le judaïsme, ne l'écoutez pas. »* (aux Philadelphiens VI, 1.)

Tous les attributs du Christ dans l'en-tête constituent autant d'encouragements. Le *Saint* est un titre messianique (Ac **3**, 14) ; il est associé à *Véritable* (comme en Ap **6**, 10) au sens de fidèle, digne de foi. L'image de la clef dénote le pouvoir d'administration (voir Is **22**, 22). Légitime héritier de David, le Christ détient les pleins pouvoirs pour admettre au palais divin.

L'image de la porte désigne à plusieurs reprises la possibilité de l'évangélisation. La faiblesse de Philadelphie montre à tous que le succès dans l'apostolat ne vient pas de l'homme mais de Dieu (ainsi 1 Co **16**, 9 ; 2 Co **2**, 12). *« Quand je suis faible, c'est alors que je suis fort ! »*, pouvait s'écrier Paul (2 Co **12**, 10). Ce qui est demandé aux fidèles, c'est de tenir bon malgré l'hostilité des Juifs (cf. **2**, 9). Ceux-ci attendaient que les Gentils viennent en pèlerinage à Jérusalem avec des présents (Is **45**, 14 ; **49**, 23 ; **60**, 14...). La situation se renversera : ce sont les Juifs qui devront reconnaître que l'élection de Dieu se porte sur l'Église. Ainsi la dure opposition contre la synagogue de Satan (**2**, 9) se nuance-t-elle d'une note d'espérance. Il n'empêche qu'une lecture trop littérale des déclarations conflictuelles de l'Apocalypse a contribué pendant longtemps à la méconnaissance du judaïsme par les chrétiens.

À la persévérance courageuse de Philadelphie répond la promesse du Seigneur : *« Je te garderai »* (même verbe que dans la prière sacerdotale du Christ, Jn **17**, 6.11.12) quand viendra l'épreuve. C'est l'annonce imprécise des fléaux qui seront détaillés par la suite, mais dont Dieu préservera les élus (**7**, 1sv).

Dans la promesse au Vainqueur apparaissent pour la première

fois les figures de la Jérusalem nouvelle et du Temple qui tiendront tant de place en finale (21-22). À la fois support architectural et ornement, la colonne peut devenir un titre honorifique, accordé aux patriarches de l'Ancien Testament, et aux apôtres, Jacques, Képhas (Pierre) et Jean, « *colonnes de l'Église* » (Ga 2, 9).

Lettre à l'Église de Laodicée

3 14 *Tu écriras encore ceci*
à l'Ange de l'Église qui est à Laodicée :

Ainsi parle le témoin fidèle et véridique,
celui qui est « Amen »,
celui qui est le commencement de la création de Dieu :
15 *Je connais ta conduite :*
tu n'es ni froid ni brûlant
– mieux vaudrait que tu sois ou froid ou brûlant.
16 *Aussi, puisque tu es tiède*
– ni froid ni brûlant –
je vais te vomir.
17 *Tu dis : « Je suis riche,*
je me suis enrichi, je ne manque de rien »,
et tu ne sais pas que tu es malheureux, pitoyable,
pauvre, aveugle et nu !

18 *Alors je te donne un conseil :*
viens acheter chez moi de l'or purifié au feu,
pour devenir riche,
des vêtements blancs pour te couvrir
et cacher la honte de ta nudité,
un remède pour te frotter les yeux
afin de voir clair.
19 *Tous ceux que j'aime,*
je leur montre leurs fautes, et je les châtie.
Sois donc fervent et convertis-toi.
20 *Voici que je me tiens à la porte,*
et je frappe.
Si quelqu'un entend ma voix et ouvre la porte,
j'entrerai chez lui ;
je prendrai mon repas avec lui,
et lui avec moi.

21 *Le vainqueur, je le ferai siéger près de moi sur mon Trône,*
comme moi-même, après ma victoire,
je suis allé siéger près de mon Père sur son Trône.

22 *Celui qui a des oreilles,*
qu'il entende ce que l'Esprit dit aux Églises.

Ville de Phrygie, Laodicée était voisine de Colosses, évangélisée par Épaphras, un disciple de Paul (cf. Col 4, 12.16). Située sur la grand-route qui conduisait de l'Asie centrale vers Éphèse, la ville s'était enrichie par sa fabrication de vêtements de laine noire et par « sa poudre phrygienne », utilisée comme collyre pour les yeux. Ses banques étaient réputées, comme le montre l'exemple de Cicéron qui y plaça une partie de son avoir. Dans tout le district les Juifs étaient fort nombreux. Les eaux chaudes de Hiérapolis (la moderne Pammukalé) n'y arrivaient que tièdes par un aqueduc de six kilomètres de long. Plus que d'autres, la lettre de l'Apocalypse comporte ainsi beaucoup d'allusions à la situation locale.

La titulature du Christ comporte un titre qui n'apparaît pas dans la vision inaugurale : *« Principe de la création de Dieu. »* C'est une application du texte des Proverbes (8, 22) sur le rôle de la Sagesse dans l'œuvre créatrice comme dans la lettre aux Colossiens (1, 15).

La lettre proprement dite commence par une terrible menace d'exclusion. L'expression est restée quasi proverbiale : *« Je vomis les tièdes ! »* D'un bout à l'autre, l'Apocalypse développe un message du tout ou rien, sans nuances intermédiaires.

La raison d'une telle sévérité nous est donnée par la fausse assurance de Laodicée, trop fière de sa richesse. Comment ne pas penser à la lamentation sur les riches dans l'Évangile selon saint Luc (6, 24s) et à la complainte des marchands (Ap 18), après la destruction de Babylone ? Mais le contexte montre que la prétendue richesse n'est pas seulement matérielle, elle vient d'un sentiment de suffisance spirituelle qui empêche la communauté de découvrir ses tares.

Tout n'est pourtant pas perdu. La voix divine se fait amicale : *« Je te conseille d'acheter chez moi... »* On pense à l'invitation faite par la Sagesse divine en Isaïe (55, 1sv) d'acheter sans payer les vrais biens qui donnent la vie. L'or épuré au feu représente souvent la Parole de Dieu (Ps 18, 31 ; Pr 30, 5), mais ce peut être aussi la foi mise à l'épreuve (1 P 1, 7). Ce dont Laodicée a besoin, c'est d'un renouveau de foi qui lui permette de retrouver les vêtements du baptême et de guérir ses yeux malades. Selon une métaphore courante, les yeux désignent l'intention droite, toute tournée vers Dieu : *« Si ton œil est sain, ton corps tout entier sera dans la lumière. Mais si ton œil est malade, ton corps tout entier sera dans les ténèbres. »* (Mt 6, 22s.)

Comme pour s'excuser d'une sévérité excessive, le Christ s'inspire d'une maxime proverbiale (Pr 3, 12) : *« qui aime bien, châtie bien »*. La leçon est largement développée dans l'Épître aux Hébreux (12, 4-13). Avec le verset 20, le ton devient plus touchant. Alors qu'au chapitre 3 (v. 3) le Christ évoquait sa venue par la parabole du voleur, ici il s'inspire du Cantique des Cantiques pour se présenter comme le Bien-Aimé qui frappe à la porte (Ct 5, 2). On peut penser aussi à la parabole du Maître qui, à son retour, par un renversement des rôles, sert lui-même ses serviteurs (Lc 12, 37). Ici, il partage le repas avec les siens, presque sur un pied d'égalité, comme le marque la formule de réciprocité : *« Je prendrai la cène avec lui et lui avec moi. »* Cette traduction de la TOB veut souligner la portée eucharistique du texte : par la célébration du repas du Seigneur, nous répondons à son appel et nous entrons dans une relation de réciprocité avec le Christ, comme Il l'a dit dans le Discours sur le pain de vie : *« Celui qui mange ma chair et boit mon sang demeure en moi et moi en lui. Et comme le Père qui est vivant m'a envoyé et que je vis par le Père, ainsi celui qui me mangera vivra par moi. »* (Jn 6, 56s.)

La dernière sentence au Vainqueur reprend la promesse d'association au pouvoir royal du Christ (cf. 2, 26-28). Ayant inscrit sur les fidèles son Nom nouveau de Seigneur (3, 12), le Christ les fait asseoir sur son propre trône. On ne pouvait imaginer pareille intimité après les sévères mises en garde du début. C'est ainsi que la révélation de l'amour du Christ peut provoquer la conversion la plus radicale.

LITURGIE CÉLESTE

Les chapitres 4 et 5 sont étroitement liés l'un à l'autre ; ils présentent la liturgie céleste en deux scènes, l'une centrée sur la louange du Dieu créateur, l'autre sur l'intronisation de l'Agneau immolé[1]. On assiste au passage d'un Testament à l'autre. Le thème du pouvoir sous-tend tout le déroulement de ces deux scènes. Par là, la vision de Jean répond à une question sous-jacente à tout le livre : qui exerce en réalité le pouvoir dans un monde où les puissances du mal semblent triompher[2] ?

L'HOMMAGE DE LA COUR CÉLESTE AU DIEU CRÉATEUR

4 1 *J'ai vu la porte ouverte dans le ciel.*
Et la voix, que j'avais déjà entendue,
pareille au son de la trompette,
me disait :
« Monte jusqu'ici, et je te ferai voir
ce qui doit arriver par la suite. »
2 *Aussitôt je fus saisi par l'Esprit.*
Un trône était dressé dans le ciel,
et sur le Trône siégeait quelqu'un.
3 *Celui qui siège ainsi*
a l'aspect du jaspe ou de la cornaline ;
et tout autour du Trône, il y a un halo de lumière,
avec des reflets d'émeraude.

---

1. Je ne puis comprendre comment J.-P. Charlier a brisé l'unité entre les ch. 4 et 5 et fait du ch. 4 la liturgie de clôture en relation avec celle du ch. 1. Une conception artificielle du plan fausse sur trop de points le commentaire de cet Auteur.
2. Sur ce vocabulaire du Règne et du pouvoir, voir ma contribution au Cahier Évangile n° 84, *Évangile et Règne de Dieu* (1993), p. 57-60. Sur la liturgie, voir mes explications dans P. Grelot (éd.), *La liturgie dans le Nouveau Testament*, Desclée, 1991, p. 166-187.

4 *Tout autour de ce Trône, vingt-quatre trônes,*
où siègent vingt-quatre Anciens,
portant des vêtements blancs et des couronnes d'or.
5 *Et du Trône sortent des éclairs,*
des clameurs, des coups de tonnerre,
et sept torches enflammées brûlent devant le Trône :
ce sont les sept esprits de Dieu.
6 *Devant le Trône, il y a comme une mer,*
aussi transparente que du cristal.

En face du Trône et autour de lui,
quatre Vivants,
ayant des yeux innombrables en avant et en arrière.
7 *Le premier Vivant ressemble à un lion,*
le deuxième à un jeune taureau,
la figure du troisième est comme celle d'un homme,
le quatrième ressemble à un aigle en plein vol.
8 *Les quatre Vivants ont chacun six ailes,*
avec des yeux innombrables au-dehors et au-dedans,
Et ils ne cessent pas de proclamer jour et nuit :
« Saint ! Saint ! Saint, le Seigneur,
le Dieu tout-puissant,
celui qui était, qui est et qui vient. »

9 *Chaque fois que les Vivants*
rendent gloire, honneur et action de grâce
à celui qui siège sur le Trône,
à celui qui vit pour les siècles des siècles,
10 *les vingt-quatre Anciens tombent à genoux*
devant celui qui siège sur le Trône,
et ils adorent celui qui vit pour les siècles des siècles ;
ils jettent leur couronne devant le Trône
en disant :
11 *« Notre Seigneur et notre Dieu,*
tu es digne de recevoir gloire, honneur et puissance
puisque c'est toi qui as créé toutes choses :
par ta volonté elles existent et elles ont été créées. »

Les auteurs d'apocalypses racontent volontiers leur voyage dans l'au-delà (ainsi Hénoch). Paul, lui-même, évoque son ravissement au troisième ciel (2 Co 12, 2-4). Jean est très sobre : une vision en esprit. La source principale d'inspiration, c'est la vision du Char divin par Ézéchiel (Ez 1), et secondairement la vision d'Isaïe au Temple de Jérusalem (Is 6). Par rapport à ses modèles, Jean prend de grandes libertés ; en particulier il simplifie la description si compliquée du trône divin faite par Ézéchiel, alors que la mystique juive a sans cesse renchéri sur les indications fournies par le prophète de l'exil.

Comme dans un film où le projecteur se fixe d'abord sur un seul objet, le trône (14 fois mentionné dans ce seul chapitre) attire d'emblée le regard. Le trône, siège du pouvoir ! Il s'agit donc bien de savoir qui détient la maîtrise sur la création, comme le chante l'acclamation finale qui proclame que tout dans l'univers est l'œuvre du Créateur (v. 11), le *pantokratôr* (v. 8), terme correspondant au *Seigneur Sabaoth* de l'Ancien Testament.

L'éclat des pierres précieuses sert à évoquer la gloire divine, comme en Ézéchiel (1, 26). Ce qui frappe dans cette vision, c'est l'importance donnée aux 24 Anciens qui siègent sur 24 trônes. Certes, on trouvait des trônes autour de l'Ancien des jours dans le livre de Daniel (7, 9), mais sans qu'on sache ni leur nombre ni qui s'y asseyait. Si le nombre 12 est celui des tribus d'Israël et des apôtres de l'Agneau (Ap 21, 12-14), le nombre 24 n'apparaît dans la Bible que pour les classes de prêtres (1 Ch 24, 3-19). Si l'on tient compte de leur rôle (cf. 5, 9), les Anciens représentent les justes de l'Ancien Testament, proclamant que le Christ est bien le Messie attendu. La tradition chrétienne y verra souvent les prophètes et les apôtres : ainsi dans les manuscrits à peinture de Beatus de Liebana et sur les portails romans (comme à Chartres, Le Mans, Bourges). La célèbre Rose de la cathédrale de Laon, elle, figure les douze apôtres dans un premier cercle, puis, dans le second, les vingt-quatre rois figurés comme jeunes, la jeunesse de la béatitude céleste !

Avec le verset 5 nous revenons à la description du trône divin. Éclairs et tonnerre accompagnent régulièrement les manifestations de Dieu, comme au Sinaï (ainsi Ex 19, 16) et en des passages clefs de l'Apocalypse (8, 5 ; 11, 19 ; 16, 18). Les lampes correspondent à celles du chandelier à sept branches du temple de Jérusalem ; elles représentent *« les sept esprits de Dieu »*, déjà mentionnés (1, 4).

On y voit souvent les dons de l'Esprit Saint : six selon le texte hébreu (sagesse et discernement, conseil et vaillance, connaissance et crainte du Seigneur), mais sept selon la traduction grecque qui ajoute le don de piété (Is **11**, 2-3). Il semble plus probable ici d'y voir les sept archanges[1] (déjà Tb **12**, 15) qui, selon la tradition juive, ont le privilège de se tenir en présence même de Dieu : ce sont les anges de la Face, dont Jésus dira qu'ils sont sans cesse en présence de Son Père qui est aux cieux (Mt **18**, 10).

La mer de verre qui s'étend sous le trône correspond aux eaux d'en haut mentionnées dans la Genèse (**1**, 6s). On s'attend alors à la description des porte-trônes, les quatre Animaux qui transportent le trône divin en Ézéchiel. Le texte manque de clarté : devant le trône et au milieu... Manifestement Jean ne s'est pas soucié des artistes qui, par la suite, voudront matérialiser ses visions ! N'est-ce pas l'indication qu'il faut, dans notre lecture, nous attacher au sens global beaucoup plus qu'aux détails ? Dans sa vision fantastique, Ézéchiel s'inspirait des fameux *Kerubîm* qui montaient la garde devant les palais et les temples de Mésopotamie : taureaux à ailes d'aigle et à figure humaine. Chez Ézéchiel, chaque animal a quatre faces, d'homme, de lion, de taureau et d'aigle (**1**, 6.10) ; la description de Jean est simplifiée. Notons en outre la disparition des Roues du char divin (Ez **1**, 15sv) ; alors qu'Ézéchiel voulait manifester la liberté de Dieu dans ses déplacements (ainsi Ez **10**), Jean évoque une liturgie statique, le Règne de Dieu sur l'univers. Chacun des Vivants ne dispose pas moins de six ailes parsemées d'une multitude d'yeux, ce qui signifie qu'ils peuvent voir simultanément dans toutes les directions.

---

1. Hénoch XX nous donne leurs noms avec leurs fonctions respectives : « Ouriel, l'un des saints anges, est préposé au monde et au Tartare ; Raphaël, l'un des saints anges, est préposé aux esprits des humains ; Ragouël, l'un des saints anges, châtie le monde des luminaires ; Michel, l'un des saints anges, est préposé aux hommes de bien ; Sariel, l'un des saints anges, est préposé aux esprits qui pèchent contre l'Esprit ; Gabriel, l'un des saints anges, est préposé au paradis, aux dragons et aux Chérubins ; Remiel, l'un des saints anges, est chargé par Dieu du soin des ressuscités. » (Traduction d'A. Caquot)

De qui s'agit-il ? La traduction littérale *Animaux* (ainsi dans la TOB) n'est pas heureuse, car il s'agit d'êtres intelligents qui assurent l'office de la louange au nom de la création tout entière. Alors que les Anciens appartenaient au genre humain, ces figures extraordinaires ont la garde de la terre, représentée comme carrée (ne parle-t-on pas des quatre coins de l'horizon !). Il est préférable avec la traduction liturgique de traduire : les *Vivants*.

Leur cantique de louange, c'est celui des Séraphins d'Isaïe, un cantique passé dans la liturgie juive et de là dans la plus ancienne liturgie chrétienne. Citons l'une des formules utilisées le jour du sabbat dans le cadre de la bénédiction dite de la Création :

Béni es-tu, Seigneur, notre Dieu, roi du monde, qui façonnes la lumière et crées la ténèbre, qui fais la paix et crées toutes choses (...).

Tous s'autorisent mutuellement à chanter la sainteté de leur Créateur, en sérénité, d'une langue pure et mélodieuse ; tous, à l'unisson, entonnent des louanges en disant avec crainte : « Saint ! Saint ! Saint ! le Seigneur des armées. De sa gloire, toute la terre est pleine[1] ! »

Dans la symbolique chrétienne, les quatre Vivants figurent les quatre Évangélistes qui entourent le Christ avec le Livre, présenté comme le Maître du monde. La plus ancienne attestation se trouve chez Irénée : pour lui, le lion représente l'évangile de Jean (et non celui de Marc comme dans la tradition postérieure), le taureau celui de Luc, l'homme Matthieu, l'aigle Marc (*Adv. Haer.* **III**, 11, 8).

À la louange des gardiens de l'ordre cosmique s'associent les 24 Anciens avec une formule qui reviendra au chapitre suivant (**5**, 2.9.12) : *« tu es digne ! »* Dans la première page de la Genèse un refrain scandait l'œuvre des six jours : *« Et Dieu vit que tout cela était bon ! »* L'admiration pour l'ordre de la nature sous-tend de nombreux passages de la Bible, et notamment les Psaumes du Règne de Dieu. Ainsi le psaume 93 exalte-t-il la puissance de Dieu qui domine les eaux déchaînées, signe qu'Il est capable de mettre fin à toutes les forces de destruction dans le monde. L'Apocalypse, elle aussi, nous fait d'abord admirer la grandeur de la création avant de nous révéler les secrets de l'histoire.

---

1. Traduction de D. de la Maisonneuve, dans Supplément *Cahier Évangile* n° 68, p. 22s.

L'INTRONISATION DE L'AGNEAU IMMOLÉ

5

1 *J'ai vu,*
dans la main droite de celui qui siège sur le Trône céleste,
un Livre en forme de rouleau,
écrit à l'intérieur et à l'extérieur,
scellé de sept sceaux.
2 *Puis j'ai vu un ange imposant,*
qui proclamait d'une voix puissante :
« Qui donc est digne d'ouvrir le Livre
et d'en briser les sceaux ? »
3 *Mais personne, au ciel, sur terre ou sous la terre,*
n'était capable d'ouvrir le Livre et d'en regarder le texte.
4 *Et moi, je pleurais beaucoup,*
parce que personne n'avait été trouvé digne
d'ouvrir le Livre et d'en regarder le texte.
5 *Mais l'un des Anciens me dit :*
« Ne pleure pas.
Voilà qu'il a remporté la victoire,
le lion de la tribu de Juda,
le descendant de David :
il ouvrira le Livre aux sept sceaux. »

6 *Et voici ce que j'ai vu encore :*
en face du Trône, en face des quatre Vivants et des Anciens,
il y avait un Agneau :
il se tenait debout, et il était comme immolé ;
ses cornes étaient au nombre de sept,
ainsi que ses yeux,
qui sont les sept esprits de Dieu
en mission sur toute la terre.
7 *Il s'avança et reçut le Livre,*
que lui donna de la main droite
celui qui siégeait sur le Trône.
8 *Quand l'Agneau eut reçu le Livre,*
les quatre Vivants et les vingt-quatre Anciens
se prosternèrent devant lui.
Chacun tenait une harpe
9 *et des coupes d'or pleines de parfums*
qui sont les prières des saints.
Ils chantaient ce cantique nouveau :

« Tu es digne de recevoir le Livre scellé
et de l'ouvrir,
car tu as été immolé ;
par ton sang, tu as racheté pour Dieu
des hommes de toutes races, langues, peuples et nations,
10 *et tu en as fait pour notre Dieu*
un royaume de prêtres qui régneront sur la terre. »

11 *Alors, dans ma vision,*
j'ai entendu la voix d'une multitude d'anges
qui entouraient le Trône, les Vivants et les Anciens :
ils étaient des millions, des centaines de millions.
12 *Ils criaient à pleine voix :*
« Lui, l'Agneau immolé, il est digne
de recevoir puissance et richesse,
sagesse et force,
honneur, gloire et bénédiction. »
13 *Et j'entendis l'acclamation de toutes les créatures*
au ciel, sur terre, sous terre et sur mer ;
tous les êtres qui s'y trouvent proclamaient :
« À celui qui siège sur le Trône, et à l'Agneau,
bénédiction, honneur, gloire et domination
pour les siècles des siècles. »
14 *Et les quatre Vivants disaient : « Amen ! »*
et les Anciens se prosternèrent pour adorer.

Le chapitre 4 se suffisait à lui-même, mais voici que le projecteur met en relief un objet resté jusqu'ici inaperçu : le petit livre (*biblion*) scellé dans la main de Dieu créateur. Le mot reviendra 6 fois dans ce chapitre, ce qui montre bien son importance. Il ne faut pas se représenter un livre comme aujourd'hui, mais selon l'usage ancien un rouleau de papyrus ou de peau. Comme dans Ézéchiel (2, 9s), le rouleau est écrit sur ses deux faces, contrairement aux habitudes : c'est dire la longueur du message ! Relevons en passant une bizarrerie du texte : si le rouleau est scellé, Jean n'a pu encore voir comment il était écrit ! L'indication sur l'écriture ne relève donc pas d'une perception directe, mais elle a la fonction littéraire de nous renvoyer au texte source d'Ézéchiel. Observation qui n'est pas sans portée pour qui réfléchit à la manière dont

Jean compose son livre : interaction constante entre la vision proprement dite et la lecture de l'Ancien Testament.

Comme dans les romans épiques, un Ange lance un défi : qui est digne d'ouvrir le rouleau ? Le constat d'impuissance évoque les trois domaines de l'univers tels qu'on se les représentait : le ciel, la terre, et les lieux souterrains (ou *Hadès* **1**, 18), là où séjournent les morts.

À la désolation du Voyant, comparable aux pleurs de Marie Madeleine devant le tombeau vide (Jn **20**, 11.13.15), succède un cri de triomphe : *« Cesse de pleurer. Voici qu'il a remporté la victoire, le lion de la tribu de Juda... »* Il convient de mettre en valeur ce verbe vaincre, figurant dans la finale de chacune des lettres aux sept Églises. C'était déjà la proclamation du Christ à la fin des discours d'adieu : *« Soyez pleins d'assurance, j'ai vaincu le monde ! »* (Jn **16**, 33.) Or, dans le culte des Souverains hellénistiques et dans l'idéologie impériale, la Victoire tient une grande place, représentée comme une déesse ailée (pensons à la Victoire de Samothrace, au musée du Louvre). La Victoire qui accompagnait l'Empereur, justifiait « par une sorte de grâce efficiente, son privilège d'être seul et perpétuel triomphateur[1] ».

« Voici, qu'il a remporté la victoire, le lion de la tribu de Juda. » Cette appellation dépend d'un oracle mystérieux sur la destinée de la tribu d'où naîtra David (Gn **49**, 9). La tradition juive en précisa le sens, comme le montre bien le Targum :

« Qu'il est beau, le roi Messie qui doit se lever d'entre ceux de la maison de Juda ! Il ceint ses reins et part au combat contre ses ennemis, et il massacre des rois avec des princes. Il rougit les montagnes du sang de leurs tués et blanchit les collines de la graisse de leurs guerriers. Ses vêtements dégouttent de sang ; il ressemble à un fouleur de raisins[2]... »

À la figure du Fils de David s'attachaient donc ces perspectives de victoire militaire sur les ennemis ; on sait les réticences de Jésus par rapport à une telle conception du messianisme, lui qui a

1. M. Meslin, sub v. Culte impérial, dans le *Dictionnaire des Religions*, 2ᵉ éd. (éd. P. Poupard), PUF, Paris, 1985, p. 349.
2. Trad. de P. Grelot, dans Suppl. C.E. 54, p. 24.

fui dans la montagne quand les foules ont voulu l'acclamer comme roi (Jn 6, 14s).

Le verset 6 forme le contraste le plus saisissant : on attendait l'entrée en scène d'un Lion (comme en IV Esdras XII, 31), et voici qu'apparaît un Agneau (*arnion*) portant encore les cicatrices de son immolation. Désormais, l'Agneau sera l'un des titres les plus fréquents pour le Christ de l'Apocalypse (29 fois). Dans l'Évangile selon saint Jean, Jésus est présenté comme *amnos* de Dieu (1, 29.36). Y a-t-il une différence de sens entre les deux appellations ? Du point de vue étymologique, *amnos* signifie agneau purement et simplement, tandis qu'*arnion* est un diminutif pouvant désigner aussi bien le jeune bélier que la brebis. C'est ainsi que Jésus envoie ses disciples comme des agneaux (*arnia*) au milieu des loups (Lc 10, 3).

Dans les apocalypses, les hommes sont souvent figurés sous l'apparence d'animaux. Ainsi dans le livre d'Hénoch, le Bélier mène-t-il la guerre contre les ennemis (LXXXIX, 45-49), mais la symbolique n'est pas constante. Plus loin il s'agit d'un taureau blanc aux grandes cornes (XC, 37).

Quelle que soit l'origine du symbole, Jean insiste sur le fait que l'Agneau se tient debout, dans l'attitude du ressuscité, portant les cicatrices de son immolation : un trait qui évoque la manifestation de Jésus à Thomas (Jn 20, 24-29). C'est donc par le sang de son sacrifice (5, 9) que l'Agneau a remporté la victoire.

Les sept cornes manifestent sa puissance ; quant aux sept yeux, ils signifient qu'il connaît tout ce qui se passe dans l'univers, au même titre que Dieu lui-même (d'après Za 4, 10). Comment mieux exprimer la plénitude des pouvoirs dont le Christ est gratifié à Pâques ?

La remise du livre est le geste marquant l'investiture de celui qui siégera à côté de Dieu (5, 12). Quel est donc ce livre ? À lire tout bonnement la suite, on penserait au livre du destin dont le Christ obtient la possession. Une telle interprétation ne tient pas compte d'une constante de l'Apocalypse, déjà relevée à plusieurs reprises : l'Ancien Testament constitue le point de départ des visions, cet Ancien Testament qui était resté jusqu'ici comme fermé, et que, sur la route d'Emmaüs, le Christ avait ouvert à ses disciples (Lc **24**, 25-27.45).

L'intronisation de l'Agneau est suivie d'une série d'hymnes par lesquelles les habitants du ciel expriment leur reconnaissance. On notera d'une manière générale l'importance de tels morceaux : comme les chœurs de la tragédie grecque, ils expriment les sentiments qui naissent du drame représenté et invitent les spectateurs à y participer. Relevons seulement quelques expressions.

Dans l'Ancien Testament, la formule *« cantique nouveau »* (Ps **40**, 4 ; **98**, 1 ; **144**, 9 ; Is **42**, 10) s'emploie pour le salut eschatologique. Le verbe racheter du verset 9 fait allusion à la délivrance d'Égypte, comparée à un rachat par Dieu d'un esclave. Arraché au pouvoir des ténèbres, le peuple devient l'héritage de Dieu, un royaume et des prêtres (Ex **19**, 6, déjà utilisé en **1**, 5).

La nouveauté par rapport aux textes anciens, c'est que le rachat ne concerne plus seulement un peuple particulier, mais qu'il englobe des hommes *« venus de toutes tribus, langues, peuples et nations »*. Pareille formule, dérivée de Daniel (**7**, 14), revient souvent dans l'Apocalypse (**7**, 9 ; **10**, 11 ; **14**, 6) pour souligner l'universalité de l'Église. Mais l'Agneau n'est pas seulement le Seigneur de l'Église, il est le Maître du cosmos tout entier. Telle est la signification de ces derniers versets où défilent devant le triomphateur les créatures *« du ciel, de la terre, de sous la terre et des mers »*, la formule primitive à trois membres s'étant encore élargie, puisque la mer rendra un jour les morts qu'elle a engloutis (**20**, 13). Grandiose liturgie, que clôt l'Amen des quatre Vivants, liturgie qui dramatise l'hymne du Serviteur de la lettre aux Philippiens[1] (**2**, 6-11), liturgie céleste qui nous apparaît comme le prototype de notre liturgie ecclésiale.

1. Pour une comparaison développée, voir E. Cothenet, *Exégèse et Liturgie* (LD 133), p. 282-285.

PREMIÈRE PARTIE DU DRAME

LE SEPTÉNAIRE DES SCEAUX

Avec le chapitre 6 commence le premier des trois septénaires : celui des sceaux, auquel succéderont les septénaires des trompettes (8-9) et des coupes (16) (voir le plan général, p. 14s). Quelle accumulation de catastrophes ! Le Voyant fait-il allusion à des événements contemporains, comme ceux de la Guerre Juive (66 à 70) ? S'agit-il d'une véritable séquence dans le temps, ou les mêmes événements ne seraient-ils pas considérés successivement selon des points de vue différents ? Plus grave, comment la Providence divine peut-elle tolérer un tel déferlement de malheurs dans le monde ? Avant d'essayer de répondre à ces graves questions, il faut d'abord lire les textes aussi objectivement que possible, sans les majorer.

Du point de vue de la composition, le septénaire des sceaux comprend des éléments disparates : d'abord la vision de quatre chevaux (6, 1-8), puis la prière des martyrs (6, 9-11), puis une longue description des catastrophes cosmiques survenant à l'ouverture du 6e sceau (6, 12-17). Une vision intermédiaire sur le grand nombre des élus (7) sépare le 6e sceau de l'ouverture du 7e (8, 1).

En ce qui concerne le genre littéraire, l'Apocalypse de Jean se rapproche de listes analogues, comme celle donnée par Baruch syriaque (*supra*, p. 30). Les rapprochements ne sont pas moins évidents avec le discours eschatologique de Marc (13 *par.*). Ce tableau très simplifié parle de lui-même :

Marc 13	Apocalypse 6
	Cheval blanc (v. 2)
Guerres (v. 7)	Guerre (v. 4)
Tremblements de terre (v. 8)	
Famines (v. 8)	Famine (v. 6) Peste (v. 8)
Persécutions (v. 9-13)	Les martyrs (v. 9-11)
Phénomènes cosmiques (v. 24-25)	Phénomènes célestes (v. 12-24)
	Effroi des hommes (v. 15-16)

LES QUATRE CAVALIERS

6

1 *Alors, dans ma vision,*
quand l'Agneau a ouvert l'un des sept sceaux du Livre,
j'ai entendu l'un des quatre Vivants
dire avec une voix comme celle du tonnerre :
« Viens ! »
2 *Et j'ai vu,*
et voilà un cheval blanc ;
celui qui le montait tenait un arc,
une couronne lui fut donnée,
et il sortit en vainqueur et pour vaincre encore.

3 *Et quand il a ouvert le deuxième sceau,*
j'ai entendu le deuxième Vivant dire :
« Viens ! »
4 *Alors sortit un autre cheval, couleur de feu,*
et à celui qui le montait
il fut donné d'enlever de la terre la paix,
pour que les gens s'entre-tuent,
et une grande épée lui fut donnée.

5 *Et quand il a ouvert le troisième sceau,*
j'ai entendu le troisième Vivant dire :
« Viens ! »
Et j'ai vu,
et voilà un cheval noir,
et celui qui le montait tenait à la main une balance.
6 *Et j'ai entendu comme une voix*
au milieu des quatre Vivants ;
elle disait :
« Un litre de blé pour une journée de travail !
Trois litres d'orge pour une journée de travail !
Ne changez pas le prix de l'huile et du vin ! »

7 *Et quand il a ouvert le quatrième sceau,*
j'ai entendu la voix du quatrième Vivant qui disait :
« Viens ! »
8 *Et j'ai vu,*
et voilà un cheval verdâtre ;
celui qui montait dessus, son nom était la Mort,
et le Séjour des morts l'accompagnait.

Et il leur fut donné pouvoir sur un quart de la terre
pour tuer par le glaive, la famine, la mort,
et par les fauves de la terre.

Le texte de Jean s'inspire très librement de deux visions de Zacharie (**1**, 8-13 et **6**, 1-8). Le prophète est anxieux de savoir quand Dieu interviendra pour le rétablissement de Jérusalem : le *« jusques à quand »* de Zacharie (**1**, 12) donne la clef de l'interprétation (comme en Ap **6**, 10). La question posée est donc celle de savoir quels signes annoncent que l'heure décisive approche (à comparer avec Mc **13**, 4) L'originalité de la vision de Jean vient d'abord de ce que le départ des chevaux est lié au déroulement du rouleau par l'Agneau : c'est Lui le maître du temps.

Malgré la similitude de forme littéraire, le premier sceau est à mettre à part. Si les trois autres décrivent des fléaux, le premier est caractérisé par la couleur céleste, le blanc, et par l'assurance de la victoire : *« Une couronne lui fut donnée et il partit en vainqueur et pour vaincre. »* La mention de l'arc intrigue : comment ne pas penser aux Parthes qui étaient redoutés comme archers et comme cavaliers aussi bien dans les affrontements au combat que dans leur fuite simulée ? La flèche du Parthe est restée une expression proverbiale ! L'histoire a conservé le souvenir de nombreuses invasions. Pour se borner à deux exemples, les Parthes envahirent la Palestine en l'an 40 av. J.-C. ; leur roi, Vologèse Ier, fut en guerre avec Rome de l'an 54 à 63 de notre ère et lui disputa l'Arménie. Comme les frontières orientales de l'Empire vivaient ainsi dans la crainte d'une invasion parthe, le premier sceau trouverait là son explication.

Mais nous avons noté à propos du verset 5 du chapitre 5 l'importance donnée par l'Apocalypse au verbe vaincre. Sauf en deux cas (**11**, 7 et **13**, 7), le verbe désigne toujours la victoire du Christ ou des élus. Il doit en être de même ici, comme le suggère le rapprochement entre cette vision et celle du Cavalier, nommé Parole de Dieu (*Logos*) en **19**, 11-13. Faut-il pour autant identifier le cavalier armé d'un arc (**6**, 2) avec le Christ lui-même ? À la suite de saint Irénée, beaucoup de Pères de l'Église l'ont pensé. Une longue tradition iconographique va dans ce sens : ainsi le célèbre chapiteau du porche de Saint-Benoît-sur-Loire (XIe s.). Mais n'est-ce pas anticiper trop vite le dénouement du drame ? Il faut respecter la progression : le cavalier au cheval blanc représente la force de l'Évangile (voir aussi **14**, 6) qui doit être proclamé à toutes les nations avant la parousie (cf. Mc **13**, 10), avec son invitation pressante à la conversion et ses menaces de châtiment. C'est donc une assurance pour la foi que signifie l'ouverture du premier sceau.

Les trois sceaux suivants annoncent des malheurs, que le prophète Ézéchiel (**5**, 16s) avait déjà caractérisés comme *« les flèches sinistres de Dieu »* (famine, bêtes féroces, peste et sang). Relevons leur caractère partiel : certaines productions sont hors de prix, mais pas toutes (l'huile et le vin). Le cheval blême du verset 8 représente bien une épidémie de peste, fréquente en période de disette. Un quart de la terre est touché.

La prière des martyrs

6 9 *Et quand il a ouvert le cinquième sceau,*
j'ai vu sous l'autel
les âmes de ceux qui ont été immolés
à cause de la parole de Dieu
et du témoignage qu'ils portaient.
10 *Ils crièrent d'une voix forte :*
« Jusqu'à quand, Maître saint et véritable,
resteras-tu sans juger
et sans tirer vengeance des habitants de la terre
pour avoir versé notre sang ? »
11 *Et il leur fut donné à chacun une robe blanche,*
et il leur fut dit de demeurer encore quelque temps en repos,
jusqu'à ce que soient au complet
leurs compagnons et leurs frères,
qui devaient être tués comme eux.

Avec le cinquième sceau nous sommes transportés dans le temple céleste. L'autel dont il est question doit correspondre à l'autel des holocaustes. Jean y aperçoit les âmes des martyrs ; elles sont donc sous la protection de Dieu, mais ne semblent pas encore parvenues à un bonheur total. Elles crient d'une voix forte :

« Jusques à quand... » C'est le cri d'impatience qui revient constamment dans les Psaumes de lamentation (ainsi Ps **13**, 2 ; **80**, 5 ; **90**, 13 ; Ha **1**, 2). On trouve une scène analogue en IV Esdras :

« *Les âmes des justes dans leurs demeures n'ont-elles pas posé les mêmes questions que toi : "Jusques à quand serons-nous ici ? Quand récolterons-nous les fruits de notre récompense ?"* » (IV, 35.)

Les martyrs sont ainsi les porte-parole qui relaient la prière des fidèles de la terre. Leur question est d'autant plus angoissante que d'un bout à l'autre l'Apocalypse proclame la venue toute proche du Christ (**1**, 1.3... ; **22**, 20). On devine chez les destinataires la même lassitude que celle dont se fait l'écho la deuxième lettre de Pierre ; des sceptiques moqueurs diront : *« Où en est la promesse de son avènement ? »* (2 P **3**, 4.) Les menaces de persécution ne rendent la plainte que plus vive, mais les termes même de la prière nous semblent bien peu chrétiens : *« Jusques à quand... tarderas-tu à venger notre sang sur les habitants de la terre ? »* Le Christ n'a-t-il pas condamné l'esprit de vengeance (Mt **5**, 38-42) ? Deux remarques s'imposent : l'Apocalypse n'invite jamais les fidèles à se venger eux-mêmes, mais elle les exhorte à transposer dans la prière leur ressentiment : c'est à Dieu et à Dieu seul qu'il appartient de rendre à chacun selon ses œuvres. En parallèle avec juger, le verbe que nous traduisons par venger montre la nécessité que justice soit rendue. À moins de refuser toute responsabilité aux hommes, qui ne pourrait le désirer ? On lira dans le même sens la parabole de la veuve importune qui, à force de criailleries, obtient que le juge fasse son devoir : *« Dieu ne ferait-il pas justice à ses élus qui crient vers lui jour et nuit, tandis qu'il patiente à leur sujet ? »* (Lc **18**, 1-7.) Saint Augustin a bien dégagé le sens de la prière des martyrs :

« *Telle est la vengeance des martyrs sincère et pleine de justice et de miséricorde : que soit détruit le règne du péché... Ce n'est pas contre les hommes eux-mêmes, mais contre le règne du péché... qu'ils prièrent, ce règne qui les a tant fait souffrir*[1]. »

1. Cité par Allo, p. 121.

La réponse de Dieu se déroule en deux temps : d'abord un acompte sur le bonheur final, à savoir cette robe blanche qui montre leur participation au règne du Christ (voir 3, 5) comme nous le préciserons à propos du chapitre 20 (v. 4-6). Puis un appel à la patience : *« jusqu'à ce que fût au complet le nombre de leurs compagnons de service... »*. Le même thème se trouve dans le texte du IVe Esdras cité plus haut : au *« quand donc »* des justes, l'archange répond :

« Jusqu'à ce que soit atteint le nombre de vos semblables.
Car Il a pesé le monde à la balance
et Il a mesuré les temps à la mesure.
D'un nombre Il les a comptés.
Il ne troublera rien ni ne suscitera rien,
jusqu'à ce que la mesure déterminée soit remplie. »
(IV Esdras IV, 36-37.)

Dans le IVe Esdras comme dans l'Apocalypse, le terme de l'histoire reste donc le secret de Dieu : quel doit être en effet le nombre des élus ? À la théorie du petit nombre du IVe Esdras s'opposera la vision du chapitre 7 de l'Apocalypse.

6
12 *Et j'ai vu :*
quand il a ouvert le sixième sceau,
il y eut un grand tremblement de terre,
le soleil devint noir
comme un vêtement de deuil en étoffe de crin,
la lune devint comme du sang,
13 *et les étoiles du ciel tombèrent sur la terre*
comme lorsqu'un figuier secoué par le vent
laisse tomber ses fruits.
14 *Le ciel disparut comme un document qu'on enroule ;*
toutes les montagnes et les îles
furent arrachées de leur place.
15 *Les rois de la terre, les dignitaires, les chefs d'armée,*
les riches et les puissants,
tous, l'esclave aussi bien que l'homme libre,
se sont cachés dans les cavernes
et parmi les rochers des montagnes ;
16 *Et ils disent aux montagnes et aux rochers :*
« Tombez sur nous, et cachez-nous

pour nous protéger
du regard de celui qui siège sur le Trône
et de la colère de l'Agneau.
Car il est venu, le grand jour de leur colère,
et qui peut tenir debout ? »

L'ouverture du sixième sceau donne lieu à l'évocation de beaucoup la plus dramatique de la série. Les termes employés n'en sont pas moins conventionnels : l'apocalypse synoptique évoque elle aussi l'ébranlement des puissances célestes (Mc **13**, 24s et *par.* Mt **24**, 29 ; Lc **21**, 25). L'effroi des hommes est exprimé en des termes empruntés à Osée (**10**, 8), termes auxquels la réponse de Jésus aux femmes pieuses de Jérusalem faisait écho (Lc **23**, 16). C'est l'annonce du jour de la colère de Dieu, ce *Dies irae*, orchestré par les prophètes d'Israël (Isaïe **2**, Sophonie **1**, Joël **2**...). Au sens biblique, la colère de Dieu c'est sa justice qui s'exerce contre les pécheurs (cf. encadré, *infra*, p. 126). À la question angoissée *« Qui peut subsister »* la vision suivante apportera une réponse partielle.

Intermède : préservation des élus et leur action de grâces

Proclamée chaque année à la Toussaint, la vision du chapitre 7 est l'une des plus célèbres de l'Apocalypse et des plus accessibles. Par opposition à la suite des fléaux décrits dans les deux septénaires des sceaux et des trompettes, elle dépeint un autre aspect de la réalité, l'intervention secrète de Dieu qui n'abandonne pas les siens.

Le texte se divise en deux scènes : l'une sur terre dénombre les élus (**7**, 1-8), l'autre au ciel évoque la liturgie d'action de grâces de ceux qui viennent de la grande épreuve.

Dénombrement des élus

7 1 *Après cela,*
j'ai vu quatre anges debout aux quatre coins de la terre,

maîtrisant les quatre vents de la terre,
pour empêcher le vent de souffler sur la terre
ou sur la mer ou sur aucun arbre.
2 *Puis j'ai vu un ange*
qui montait du côté où le soleil se lève,
avec le sceau qui imprime la marque du Dieu vivant ;
d'une voix forte, il cria aux quatre anges
qui avaient reçu le pouvoir de dévaster la terre et la mer :
« Ne dévastez pas la terre, ni la mer, ni les arbres,
avant que nous ayons marqué du sceau
le front des serviteurs de notre Dieu. »
4 *Et j'entendis le nombre*
de ceux qui étaient marqués du sceau :
ils étaient cent quarante-quatre mille,
de toutes les tribus des fils d'Israël.
5 *De la tribu de Juda, douze mille marqués du sceau ;*
de la tribu de Ruben, douze mille ;
de la tribu de Gad, douze mille ;
de la tribu d'Aser, douze mille ;
de la tribu de Nephtali, douze mille ;
de la tribu de Manassé, douze mille ;
de la tribu de Siméon, douze mille ;
de la tribu de Lévi, douze mille ;
de la tribu d'Issakar, douze mille ;
de la tribu de Zabulon, douze mille ;
de la tribu de Joseph, douze mille ;
de la tribu de Benjamin, douze mille marqués du sceau.

Comme il arrive souvent, Jean a puisé son inspiration dans une page d'Ézéchiel (9). Au moment où le prophète va annoncer la destruction de Jérusalem à cause de l'idolâtrie qui sévit jusque dans le Temple, il apprend que seront préservés ceux qui se lamentent sur les abominations commises par leurs compatriotes (Ez **9**, 4). Comme jadis les maisons des Israélites avaient été marquées d'un signe protecteur (un *taw* selon Ex **12**, 7.13, lettre en forme de croix), un ange imprime le même *taw* sur le front des justes.

La première constatation à faire, c'est que selon Ézéchiel le nombre des préservés apparaît fort restreint ; par contre, ici l'accent porte sur l'universalité de la foule des élus. Si la première partie de la vision parle des « *serviteurs de Dieu* » sans mettre le Christ en scène, la seconde rend compte du salut par l'intervention décisive de l'Agneau.

La mise en scène des versets 1 à 3 situe sur terre la vision et lui donne un cadre cosmique. Selon l'imagerie constante du temps, des anges commandent aux éléments de la nature. Le silence imposé à la furie des vents annonce que des événements importants vont se dérouler.

Pour désigner la marque du Dieu vivant, Jean emploie le même mot, *sphragis,* que pour les sept sceaux du rouleau du chapitre 5. À cette marque d'appartenance s'oppose le signe (*charagma*) de la Bête sur la main droite ou le front (**13**, 16), signe nécessaire pour participer à la vie économique du temps. Par là deux groupes se distinguent radicalement. Pour un chrétien, la *sphragis* du Dieu vivant devient le signe du baptême, comme on peut le dire en raison du sens bien établi du mot dès le IIe siècle[1].

Le chiffre 144 000 a valeur symbolique : c'est le carré de 12 (lui-même constitué de 3 multiplié par 4), multiplié par 1 000. L'énumération des 12 tribus d'Israël veut marquer la continuité entre le premier peuple de Dieu et le nouveau (comme en **21**, 12sv). Mais la liste des douze tribus ne correspond pas exactement aux listes habituelles : si Juda est mis en tête, c'est en raison du Messie, descendant de David. L'absence de Dan s'explique par la mauvaise réputation de cette tribu comparée à un serpent (Gn **49**, 16s) : la légende dira que de son sein naîtra l'Antéchrist ! (Voir encadré, p. 151.)

LITURGIE CÉLESTE ET ACTION DE GRÂCES

7 9 *Après cela, j'ai vu une foule immense,*
que nul ne pouvait dénombrer,
une foule de toutes nations, races, peuples et langues.

1. À titre d'exemple, citons le Pasteur d'Hermas : « *Ces morts reçurent le sceau du Fils de Dieu et entrèrent ainsi dans le Royaume de Dieu* (Jn 3, 5). *Avant de porter le nom du Fils de Dieu (...), l'homme est mort ; et lorsqu'il reçoit le sceau, il rejette la mort et reçoit la vie. Et le sceau, c'est l'eau.* » (Similitude IX, 16).

Ils se tenaient debout devant le Trône et devant l'Agneau,
en vêtements blancs,
avec des palmes à la main.
10 *Et ils proclamaient d'une voix forte :*
« Le salut est donné par notre Dieu,
lui qui siège sur le Trône,
et par l'Agneau ! »
11 *Tous les anges qui se tenaient en cercle autour du Trône,*
autour des Anciens et des quatre Vivants,
se prosternèrent devant le Trône, la face contre terre,
pour adorer Dieu.
12 *Et ils disaient :*
« Amen !
Louange, gloire, sagesse et action de grâce,
honneur, puissance et force
à notre Dieu, pour les siècles des siècles ! Amen ! »

13 *L'un des Anciens prit alors la parole et me dit :*
« Tous ces gens vêtus de blanc,
qui sont-ils, et d'où viennent-ils ? »
14 *Je lui répondis :*
« C'est toi qui le sais, mon seigneur. »
Il reprit :
« Ils viennent de la grande épreuve ;
ils ont lavé leurs vêtements,
ils les ont purifiés dans le sang de l'Agneau.
15 *C'est pourquoi ils se tiennent devant le trône de Dieu,*
et le servent jour et nuit dans son temple.
Celui qui siège sur le Trône
habitera parmi eux.
16 Ils n'auront plus faim, ils n'auront plus soif,
la brûlure du soleil ne les accablera plus,
17 *puisque l'Agneau qui se tient au milieu du Trône*
sera leur pasteur
pour les conduire vers les eaux de la source de vie.
Et Dieu essuiera toute larme de leurs yeux. »

On s'est souvent demandé s'il ne fallait pas distinguer entre les 144 000 élus et la foule immense du verset 8. Il s'agirait dans un premier cas des chrétiens d'origine juive et dans l'autre des fidèles venus des nations païennes. Cette explication ne convient pas, parce que dans toute l'Apocalypse Jean présente une vision unitaire de l'Église (voir en particulier la vision de la Femme au chapitre 12), sans distinction entre le reste d'Israël et les païens convertis. Surtout il faut bien voir que la scène de préservation se situe sur terre, avant la grande épreuve, tandis que la seconde se situe devant le trône divin et révèle de quelle manière paradoxale les fidèles sont sortis indemnes de l'épreuve.

Pour marquer l'universalité de la foule, Jean recourt à une quadruple expression : nations, tribus, peuples et langues. Le livre de Daniel, en pareil cas, se contentait de trois (ainsi Dn **3**, 4.7.29) ! Comme aux martyrs du chapitre 6 (v. 11), il leur est donné de revêtir des robes blanches. Les palmes évoquent victoire et triomphe (1 Mc **13**, 51 ; Jn **12**, 13). La première acclamation donne le ton : Le salut est à notre Dieu... et à l'Agneau (v. 10). C'est le correspondant de l'*Hosanna* du Psaume 118 (v. 15), composé à l'occasion de la fête des Tentes. Évoquant d'abord le séjour des Hébreux dans le désert et la protection de Dieu qui résidait au milieu d'eux dans la Tente de réunion, cette fête s'est chargée dans le judaïsme d'un sens eschatologique qui en a fait par excellence la Fête de la royauté de Dieu. On y attendait la conversion des nations au Dieu unique (Za **14**, 9.16).

Tous les dignitaires de la cour céleste prennent part à la liturgie d'action de grâce. Dans l'énumération à sept termes du verset 12, notons que le terme *eucharistia* occupe la quatrième place, c'est-à-dire la position médiane. Telle est la vision. Il reste à l'interpréter. Comme toujours dans l'Apocalypse, ce sont les dialogues qui méritent le plus de retenir l'attention. Qui sont donc les participants de la Fête céleste ? On pourrait croire que, en raison du sceau, ils ont été préservés de l'épreuve. Pas du tout, ils en viennent, ce qui apparaîtra plus clairement encore au chapitre 15 (v. 2s). Mais ils l'ont surmontée, car ils ont blanchi leur robe dans le sang de l'Agneau. *« Blanchir dans le sang »* : alliance de mots déroutante qui manifeste bien le caractère paradoxal du salut chrétien. Les élus ne sauraient passer par un autre chemin que leur Berger (v. 17). Faut-il dire pour autant que, selon l'Apocalypse, tous les fidèles connaîtront le martyre ? Les lettres aux sept Églises montrent bien que le cas d'Antipas (**2**, 13) est resté jusqu'ici exceptionnel, mais le Voyant prévoit un avenir dramatique ; pour lui, les martyrs représentent les chrétiens types. Le Christ n'avait-il pas dit : *« Si quelqu'un veut venir à ma suite, qu'il se renie lui-même et prenne sa croix, et qu'il me suive. »* (Mt **16**, 24 *par.*)

Pour évoquer le bonheur des élus, Jean réemploie de beaux textes de l'Ancien Testament, comme le Psaume de pèlerinage (**121**), le Psaume du Bon Pasteur (**23**) ou la promesse d'Isaïe (**25**, 8) : *« Dieu essuiera toute larme de leurs yeux. »* Cette citation finale est d'autant plus importante qu'elle provient d'un des textes les plus universalistes de l'Ancien Testament : évocation de la venue des nations à la montagne du Seigneur, disparition de la mort à jamais. Mais, comme toujours, la lecture de Jean est messianique : c'est l'Agneau divin qui conduit les fidèles jusqu'au trône divin d'où jaillit le fleuve de la vie éternelle (cf. **22**, 1).

LE SEPTÉNAIRE DES TROMPETTES

L'ouverture du 7e sceau marque le départ d'un second septénaire, après une nouvelle scène liturgique (8, 3-5). Du point de vue de la forme, à la sonnerie des quatre premières trompettes correspondent des descriptions relativement courtes ; en conclusion intervient l'annonce d'un triple *Hélas !* (8, 13)[1]. Deux d'entre eux sont longuement décrits lors des sonneries des 5e et 6e trompettes. Une première conclusion négative est donnée au chapitre 9 (v. 20s) : les hommes ne se convertissent pas. Il faut attendre le chapitre 11 (v. 14s) pour qu'arrivent le troisième *Hélas !* et la 7e sonnerie, par-delà les chapitres 10 et 11 qui donnent l'impression de couper le fil principal du récit.

L'OFFRANDE DE L'ENCENS

8 1 *Et quand il a ouvert le septième sceau,*
il y eut dans le ciel un silence d'environ une demi-heure.
2 *Et j'ai vu les sept anges*
qui se tiennent en face de Dieu,
et il leur fut donné sept trompettes.
3 *Un autre ange vint se placer près de l'autel ;*
il portait un encensoir d'or ;
il reçut des parfums en abondance
pour les offrir, avec les prières de tous les saints,
sur l'autel d'or qui est en face du Trône de Dieu.

1. Avec raison, Charlier propose de traduire *ouai* par *Hélas !* plutôt que par *Malheur !* Comme en Luc 6, 24-26, c'est la transcription du cri des pleureuses (voir aussi Ap 18, 10.16.19), lors d'un enterrement. Il s'agit donc non d'une malédiction, mais d'une déploration anticipée, destinée à provoquer la conversion. Pourquoi cette distinction de trois *Hélas !* dans le septénaire des trompettes ? Le troisième *Hélas !* n'étant mentionné qu'en 11, 14, on peut supposer qu'il y a là un moyen de faire entrer dans le septénaire des trompettes les chapitres 10 et 11 qui, de soi, n'en font pas partie.

4 *Et l'ange fit monter devant Dieu*
la fumée des parfums, avec les prières des saints.
5 *Puis l'ange prit l'encensoir et le remplit du feu de l'autel*
qu'il jeta sur la terre :
il y eut des coups de tonnerre,
des fracas, des éclairs et un tremblement de terre.

À l'ouverture du 7e sceau, un silence impressionnant, mais relativement court fait attendre des événements importants. Jean aperçoit alors un groupe de sept anges, sans doute les archanges représentés précédemment comme les sept lampes qui brûlent devant le trône de Dieu (**4**, 5). Sur l'autel céleste ils offrent le sacrifice d'encens. Comme on le voit dans l'Évangile selon saint Luc (**1**, 9sv), cette offrande deux fois par jour revêtait une particulière solennité, car mieux que les sacrifices d'animaux, la fumée de l'encens était apte à symboliser la prière qui monte vers le ciel (Ps **141**, 2). Comme dans certains textes du judaïsme, les anges jouent le rôle de médiateurs en présentant à Dieu la prière des fidèles (déjà **5**, 9)[1]. Dans cette ligne, le Canon romain de la messe demande que notre sacrifice soit porté par son saint Ange en présence de Dieu. À cette montée de la prière vers le ciel répond un singulier exaucement : la pluie sur la terre de charbons ardents comme en Ézéchiel (**10**, 2) où l'ange prend à pleine mains des braises ardentes devant le trône divin pour les répandre sur Jérusalem. La prière des saints pour hâter l'intervention divine sera ainsi exaucée. La prochaine manifestation de Dieu est marquée par les signes habituels : tonnerres, éclairs, tremblements de terre (déjà **4**, 5 et **16**, 18).

1. Ainsi, selon le *Testament de Lévi* III, 6 dans le (sixième) ciel se tiennent les anges de la Face du Seigneur qui officient et intercèdent auprès du Seigneur pour tous les péchés d'ignorance des justes. Ils offrent au Seigneur un parfum de bonne odeur, un sacrifice en paroles et non sanglant (*Écrits intertestamentaires*, p. 838).

USAGE LITURGIQUE DE LA TROMPETTE

La corne de bélier (*shofar*) fut d'abord un instrument de musique guerrier, comme notre clairon. Dans la liturgie, le *shofar* retentit pour acclamer la royauté de Dieu (Ps **47**, 6) ; sa sonnerie rauque accompagne les théophanies (Ex **19**, 16-19 ; **20**, 18). Servant à la convocation du peuple pour les saintes solennités (Jl **2**, 15), le *shofar* tient une grande place dans les évocations eschatologiques. On attend qu'il résonne pour rassembler les dispersés d'Israël (Is **27**, 13). Dans la prière des Dix-huit bénédictions, récitée le sabbat à la synagogue, on adressait à Dieu la demande suivante : « Fais retentir la grande trompette pour notre libération, élève la bannière pour rassembler nos exilés, et rassemble-nous des quatre coins de la terre. Béni es-Tu, Seigneur, qui rassemble les dispersés de son peuple Israël[1] ». La sonnerie de trompettes de *Rosh ha-Shannah* (jour de l'an, Lv **23**, 24 ; Nb **29**, 1) était si caractéristique que Philon dénomme ce jour « fête des Trompettes ». La première bénédiction acclamait Dieu comme le Roi de l'univers ; la seconde, son attention au monde, aux hommes et à l'alliance ; la dernière, ses gestes de salut passés et à venir. En voici le début :
« *Notre Dieu et Dieu de nos pères, sonne du grand shofar pour notre délivrance... Dispersés, fais-nous revenir des extrémités de la terre. Ramène-nous en triomphe à ta ville de Sion.* »
On comprend ainsi l'importance donnée à la trompette dans les textes eschatologiques du Nouveau Testament (ainsi Mt **24**, 31 ; 1 Th **4**, 16 ; 1 Co **15**, 52). Ici, à la dernière trompette, retentira le chant de la royauté divine (**11**, 15).

LES SIX PREMIÈRES TROMPETTES

8 6 *Puis les sept anges*
qui avaient les sept trompettes
se préparèrent à sonner de la trompette.

1. Trad. D. de la Maisonneuve, dans Suppl. C.E. 68, *Prières juives*, p. 35.

7 *Le premier sonna de la trompette,*
et il y eut de la grêle et du feu mêlés de sang,
qui furent jetés sur la terre,
et un tiers de la terre flamba,
et un tiers des arbres flambèrent,
et toute l'herbe verte flamba.

8 *Le deuxième ange sonna de la trompette,*
et dans la mer fut jetée comme une montagne en flammes,
et un tiers de la mer donna du sang,
9 *et un tiers des créatures vivantes*
qui étaient dans la mer moururent,
et un tiers des bateaux furent détruits.

10 *Le troisième ange sonna de la trompette,*
et il tomba du ciel une grande étoile,
qui flambait comme une torche ;
elle tomba sur un tiers des fleuves
et sur les sources d'eau.
11 *Et le nom de l'étoile est « Poison » ;*
un tiers des eaux devint du poison,
et beaucoup de gens moururent
à cause des eaux devenues amères.

12 *Le quatrième ange sonna de la trompette,*
et un tiers du soleil fut frappé,
ainsi qu'un tiers de la lune
et un tiers des étoiles,
de telle sorte qu'un tiers d'entre eux furent obscurcis,
que le jour perdit un tiers de sa clarté
et la nuit de même.
13 *Et dans ma vision*
j'ai entendu un aigle volant en plein ciel,
qui disait d'une voix forte :
« Malheur ! Malheur !
14 *Malheur pour ceux qui habitent sur la terre,*
quand viendra le reste des sonneries
avec les trois anges
qui doivent encore sonner de la trompette ! »

9 1 *Le cinquième ange sonna de la trompette,*
et j'ai vu une étoile

qui était tombée du ciel sur la terre,
et il lui fut donné la clef du puits de l'abîme.
2 *Elle ouvrit le puits de l'abîme,*
et du puits monta une fumée
comme celle d'une grande fournaise ;
le soleil et l'air
furent obscurcis par la fumée du puits.
3 *Et de la fumée sortirent vers la terre des sauterelles,*
et un pouvoir leur fut donné
comme le pouvoir qu'ont les scorpions de la terre.
4 *Et il leur fut dit de ne pas dévaster l'herbe de la terre,*
ni aucune verdure, ni aucun arbre,
mais seulement les hommes
qui n'ont pas sur le front la marque du sceau de Dieu.
5 *Il ne leur fut pas donné de les tuer,*
mais ils devaient être torturés pendant cinq mois,
et cette torture serait comme celle d'un homme
attaqué par un scorpion.
6 *Et en ces jours-là,*
les hommes chercheront la mort
et ne la trouveront pas ;
ils désireront mourir
et la mort les fuira.
7 *Ces sortes de sauterelles étaient semblables*
à des chevaux équipés pour la guerre ;
sur la tête, elles avaient comme des couronnes dorées,
et leurs visages étaient comme des visages humains.
8 *Elles avaient des cheveux comme des cheveux de femmes,*
et leurs dents étaient comme celles des lions.
9 *Leurs poitrails étaient comme des cuirasses de fer,*
et le bruit de leurs ailes
était comme celui de chars à plusieurs chevaux
courant au combat.
10 *Elles ont des queues comme celles des scorpions,*
ainsi que des dards.
C'est dans leur queue que se trouve le pouvoir
de faire du mal aux hommes
pendant cinq mois.
11 *Elles ont comme roi à leur tête*
l'ange de l'abîme ;
il s'appelle en hébreu Abaddôn

et en grec Apollyôn
(ce qui veut dire : Destructeur).
12 *Le premier « Malheur » est passé ;*
voici que deux « Malheurs » vont encore arriver.

13 *Le sixième ange sonna de la trompette,*
et j'entendis une voix
venant des quatre cornes de l'autel d'or
qui est devant Dieu ;
14 *elle disait au sixième ange*
qui avait sa trompette :
« Libère les quatre anges
qui sont enchaînés au bord du grand fleuve,
l'Euphrate. »
15 *Alors furent libérés les quatre anges*
qui étaient préparés pour cette heure de ce jour
de ce mois et de cette année,
afin de tuer un tiers de l'humanité.
16 *L'effectif des troupes de cavalerie*
était de deux cents millions :
j'ai entendu ce chiffre.
17 *Et ainsi, dans ma vision,*
j'ai vu les chevaux et ceux qui les montaient :
ils avaient des cuirasses couleur de feu,
d'hyacinthe et de soufre ;
les têtes des chevaux étaient comme des têtes de lion,
et de leur bouche sortaient du feu,
de la fumée et du soufre.
18 *Par ces trois fléaux*
fut tué un tiers de l'humanité :
le feu, la fumée et le soufre sortant de leur bouche.
19 *Car le pouvoir des chevaux se trouve dans leurs bouches,*
ainsi que dans leurs queues.
En effet leurs queues sont semblables à des serpents,
et elles ont des têtes
avec lesquelles elles font du mal.

20 *Et le reste des hommes,*
ceux qui n'avaient pas été tués par ces fléaux,
ne se sont même pas convertis
en renonçant aux œuvres de leurs mains,
à l'adoration des démons

et des idoles d'or, d'argent, de bronze,
de pierre et de bois,
qui ne peuvent ni voir, ni entendre, ni marcher.
21 *Ils ne se sont pas convertis*
en renonçant à leurs meurtres,
ni à leurs sorcelleries, ni à leurs débauches, ni à leurs vols.

Les variations dans la description ne peuvent masquer les similitudes entre les divers septénaires. Relevons globalement les analogies entre ceux des trompettes et des coupes (16).

TROMPETTES	COUPES
1) Tiers de la végétation grillée	1) Ulcères
2) Tiers de la mer → sang	2) Mer → sang
3) Tiers eaux → absinthe	3) Fleuves, sources → sang
4) Éclipse des astres au tiers	4) Soleil torride
5) Fumée de l'abîme et Cavalerie démoniaque des sauterelles	5) Ténèbres sur le royaume de la Bête
6) Les anges de l'Euphrate libèrent la cavalerie ennemie	6) Tarissement de l'Euphrate : invasion. Grenouilles
7) Acclamation du règne de Dieu	7) C'en est fait: jugement de Babylone. Grêle.

Même si les correspondances ne sont pas parfaites, les deux schémas se ressemblent trop pour qu'on puisse mettre en doute leur caractère conventionnel. Une différence importante n'en est pas moins à relever : dans le septénaire des trompettes les fléaux ne sont que partiels, comme dans le premier septénaire (les sceaux), alors que les derniers fléaux sont universels. Plusieurs des fléaux, surtout dans le dernier septénaire, rappellent les « plaies d'Égypte » : nous le signalerons à cet endroit (p. 135). Quand arrive la cinquième trompette, l'imagination du Voyant n'a plus de bornes. Déjà Joël (1, 2-4 ; 2, 3-9) avait dépeint en termes terrifiants la grande invasion des sauterelles qui, sur leur passage, ne laissent pas une feuille d'arbre intacte. C'était le signe du Jour de Yahvé, *« jour d'obscurité et de sombres nuages »* (2, 1s). Dans l'Apocalypse, les sauterelles deviennent une horde démoniaque, avec l'Ange de l'Abîme pour chef. Une vraie vision de cauchemar !

La 6e sonnerie constitue le signal pour une nouvelle invasion. En raison de la mention de l'Euphrate, on a pu se demander si le Voyant ne s'appuyait pas sur une donnée historique, l'une ou l'autre des invasions parthes. Les indications précédentes en tout cas sont trop vagues pour que l'on puisse reconnaître dans le septénaire des trompettes le résumé des événements dramatiques qui marquèrent la Guerre Juive (66-70).

Au terme des six fléaux un constat dramatique : les survivants ne se convertissent pas ! On dit quelquefois que le malheur rapproche de Dieu ou, du moins, provoque le retour à la prière. Tel n'est pas le point de vue de l'Apocalypse. Pour stigmatiser le péché des survivants, Jean recourt aux clichés bibliques sur l'idolâtrie : les hommes continuent d'adorer l'œuvre de leurs mains, idoles d'or et d'argent (ainsi Dn **5**, 4.23 ; Ps **115**, 4 ; **135**, 15-17). En réalité un jugement beaucoup plus nuancé s'impose pour apprécier la nature des images religieuses dans les religions non bibliques. Le culte des faux dieux n'en entraîne pas moins des déviations morales, comme le déclare le verset 21. On trouve la même doctrine dans l'Épître aux Romains (**1**, 18-32).

La question la plus délicate d'un point de vue théologique est celle du rapport entre la prière des saints et le déferlement des fléaux sur terre, comme on l'a déjà vu avec la prière des martyrs (**6**, 9-11). La prière authentique porte sur l'avènement du règne de Dieu, avènement célébré au chapitre 11 (v. 15). Les *« douleurs de l'enfantement »* (cf. Mt **24**, 8 *par.*), qui, dans l'apocalyptique juive, précèdent la venue du Messie, se situent pour les chrétiens entre le premier avènement et le second. Demander qu'advienne le Règne entraîne la venue de tous les prodromes du jugement, ces guerres et ces catastrophes qui devraient faire prendre conscience aux hommes de la réalité du jugement divin. Hélas ! ils ne savent interpréter le sens des événements, à moins que...

Intermède :
La mission des témoins

Entre les sonneries de la 6e (**9**, 13-21) et de la 7e trompette (**11**, 15), les chapitres 10 et 11 constituent un intermède dont, à première vue, il est plus difficile de justifier l'existence que celle du chapitre 7, entre le 6e et le 7e sceau. La difficulté est d'autant plus grande que ces deux chapitres ne semblent pas avoir de lien entre eux, l'un concernant Jean dans sa mission de prophète, l'autre deux témoins anonymes.

L'examen du vocabulaire montre cependant que des liens existent et qu'en même temps ces chapitres 10 et 11 jouent le rôle de charnière avec la seconde partie du livre. Deux thèmes relient entre eux les chapitres 10 et 11, celui de la prophétie et celui du témoignage. Au chapitre 10, verset 7, est annoncé l'accomplissement du mystère de Dieu, tel que l'ont annoncé les prophètes. Après une seconde investiture prophétique, Jean reçoit mission de prophétiser à nouveau (**10**, 11). Le chapitre suivant nous montre en acte de prophétie les deux témoins (**11**, 1-13). Jean doit *« prophétiser sur des peuples, des nations, des langues et des rois »* (**10**, 11) : tel est l'auditoire des deux témoins (**11**, 9). Si l'annonce du martyre se trouvait déjà dans la première partie, elle recevra un accent plus décisif dans la seconde partie avec l'intervention de la Bête sacrilège ; de ce point de vue la victoire passagère de la Bête sur les deux témoins a valeur de signe (**11**, 7).

Seconde investiture prophétique de Jean

10 1 *Et j'ai vu un autre ange, puissant, descendant du ciel,*
avec une nuée pour manteau
et un halo de lumière sur la tête ;
son visage était comme le soleil,
et ses jambes comme des colonnes de feu.
2 *Il tenait à la main un petit livre ouvert.*
Il posa le pied droit sur la mer,
et le gauche sur la terre ;

3 *il cria d'une voix forte,*
comme un lion qui rugit.
Et quand il cria,
les sept tonnerres parlèrent et firent entendre leur voix.
4 *Et quand les sept tonnerres parlèrent,*
j'allais me mettre à écrire ;
alors j'ai entendu une voix venant du ciel qui disait :
« Garde sous le sceau du secret
les paroles des sept tonnerres,
ne les écris pas ! »
5 *Et l'ange que j'avais vu*
debout sur la mer et sur la terre
leva la main droite vers le ciel,
6 *et fit ce serment :*
« Par celui qui est vivant pour les siècles des siècles,
et qui a créé le ciel et tout ce qu'il contient,
la terre et tout ce qu'elle contient,
la mer et tout ce qu'elle contient,
il n'y aura plus de délai ;
7 *mais dans les jours où se fait entendre le septième ange,*
au moment où il va sonner de la trompette,
alors est accompli le mystère de Dieu,
selon la bonne nouvelle qu'il a annoncée
à ses serviteurs les prophètes. »

8 *Et la voix venant du ciel,*
que j'avais déjà entendue,
me parla de nouveau ; elle me dit :
« Va prendre le petit livre ouvert
dans la main de l'ange
qui se tient debout sur la mer et sur la terre. »
9 *Je m'avançai vers l'ange*
pour lui demander de me donner le petit livre.
Il me dit :
« Prends, et mange-le ;
il remplira tes entrailles d'amertume,
mais dans ta bouche il sera doux comme le miel. »
10 *Je reçus le petit livre de la main de l'ange,*
et je le mangeai.
Dans ma bouche il était doux comme le miel,
mais, quand je l'eus avalé,

il remplit mes entrailles d'amertume.
11 *Alors, on me dit :*
« Il faut que tu reprennes ta mission de prophète ;
tu parleras sur un grand nombre de peuples,
de nations, de langues et de rois. »

Dans sa lecture du livre d'Ézéchiel, Jean procède par touches successives. Déjà au chapitre 5, il avait été question d'un rouleau écrit des deux côtés (Ez **2**, 10) : le livre des Écritures, dont le Christ seul peut nous dévoiler le sens. Cette fois, Jean est invité à manger un petit livre qui, dans sa bouche, aura la douceur de la Parole de Dieu (cf. Ps **19**, 11 ; **119**, 103), mais provoquera aussi, dans son for intime (ses entrailles), la souffrance en raison du jugement de condamnation qu'il doit prononcer (cf. Jr **15**, 16-18).

S'inspirant étroitement de Daniel (**12**, 7), la mise en scène est grandiose. On peut comparer l'évocation de l'ange aux versets 1 et 2 à celle du Fils d'homme au chapitre 1 (13sv). Mais l'imagerie (lumière et feu) ne doit pas donner le change. Le message du Fils d'homme, c'est le sens et l'actualité du mystère pascal. L'ange, lui, prête serment par le Dieu créateur (**10**, 5), dont la louange avait retenti tout au long du chapitre 4. Relevons en même temps les contradictions apparentes : le petit livre est ouvert, et donc accessible à la lecture, et pourtant il faut en garder secret le message, comme si l'annonce visait un futur lointain (v. 4)[1]. Plus de délai, annonce l'ange, car les prophéties vont se réaliser maintenant (v. 6-7), et pourtant il faut à nouveau prophétiser (v. 11). Traduisons en clair ce message déroutant : le second envoi de Jean a pour but de répondre à l'angoisse que font naître les délais de la parousie.

1. Procédé constant de l'apocalyptique, pour donner l'impression que le message a été rédigé longtemps à l'avance (ainsi Dn **12**, 4.9). À opposer à l'ordre de divulgation en Ap **22**, 10.

COMPOSITION DU CHAPITRE 11

Le chapitre 11[1] comporte trois sections : une vision sur le temple (**11**, 1-2), la mission des deux témoins (**11**, 3-13), la 7e trompette (**11**, 14-18). Malgré la disparité des sujets, on peut découvrir un fil conducteur entre ces diverses scènes. Ce qui frappe d'abord, c'est la multiplication des notations temporelles : 42 mois (v. 2), 1 260 jours (v. 3), 3 jours et demi (v. 9 et 11), à l'heure même (v. 13), maintenant (v. 15), le temps du jugement (v. 18). Cette observation confirme notre réflexion précédente sur le « plus de délai » (**10**, 6). Comment entendre cette proclamation ?

LE TEMPLE ÉPARGNÉ ET RAVAGÉ

11 1 *Puis il me fut donné un roseau, une sorte de baguette,*
avec cette parole :
« Lève-toi, et mesure le temple de Dieu,
l'autel, et les adorateurs qui sont là.
2 *Mais la cour à l'extérieur du Temple,*
laisse-la de côté, et ne la mesure pas,
car elle est donnée aux nations païennes,
et elles fouleront aux pieds la ville sainte
pendant quarante-deux mois.

Le sort du Temple de Jérusalem tient beaucoup de place dans le livre d'Ézéchiel, avec l'annonce de sa destruction (**8**, 11) et de sa reconstruction, selon les plans fournis par l'ange arpenteur (**40**, 3sv). De leur côté, les apocalypses juives d'après 70 (Baruch syriaque, IVe Esdras, *Supra,* p. 30 s) s'emploient à expliquer les raisons de sa profanation par les Romains. Dans un souci de rapprocher les visions de Jean des événements de son temps, on a supposé que les deux premiers versets du chapitre 11 de l'Apocalypse s'inspiraient d'une prophétie juive de l'an 70 sur la protection du Temple. Selon Flavius Josèphe (*Guerre Juive* VI, 285-288),

1. Dans son étude fort bien menée, H. Le Bourdellès a pu dire que ce chapitre constituait « la clef de l'ouvrage » (*Graphè*, p. 67).

alors que déjà les Romains avaient pénétré dans les parvis extérieurs, un prophète zélote invita les combattants à monter sur le toit du Temple où ils seraient sauvés *in extremis* par Dieu. La sévérité de Jean contre « *la synagogue de Satan* » (2, 9 ; 3, 9) rend tout à fait improbable pareil emprunt, d'autant plus que la prétendue prophétie conduisit à la mort par le feu des malheureux, trop crédules. Il faut renoncer à toute explication de type historique et comprendre que, sur la base des textes bibliques, Jean développe de façon très personnelle son message.

La courte vision oppose un lieu de protection au lieu de dévastation, pendant la durée symbolique de la persécution, 42 mois (= trois ans et demi = 1 260 jours au v. 3), comme on le voit déjà en Daniel où l'on trouve ce type de spéculations sur le chiffre brisé de trois et demi (ainsi 7, 25 ; 8, 14 ; 12, 7). Image de la situation de l'Église, nouveau Temple de Dieu, protégé dans son sanctuaire, mais exposé aux attaques des nations. C'est ce que fait mieux comprendre la vision suivante, malgré le changement de sujet.

La mission des deux témoins

11 3 *Et je donnerai à mes deux témoins*
de porter le message prophétique
pendant mille deux cent soixante jours,
habillés de vêtements de deuil. »

4 *Ce sont eux les deux oliviers, les deux chandeliers,*
qui se tiennent debout devant le Seigneur de la terre.
5 *Si l'on veut leur faire du mal,*
un feu jaillit de leur bouche et dévore leurs ennemis ;
oui, ceux qui voudront leur faire du mal,
c'est ainsi qu'ils doivent mourir.
6 *Ces deux témoins ont (comme le prophète Élie)*
le pouvoir de fermer le ciel, pour qu'il ne pleuve pas
pendant le temps fixé par leur prophétie.
Ils ont aussi (comme Moïse)
le pouvoir de changer l'eau en sang
et de frapper la terre de toute sorte de plaies,
chaque fois qu'ils voudront.

7 *Mais, quand ils auront achevé de rendre leur témoignage,*
la Bête qui sort de l'abîme leur fera la guerre,
les vaincra et les fera mourir.
8 *Leurs cadavres resteront sur la place de la grande ville,*
à laquelle on donne les noms symboliques
de Sodome et d'Égypte ;
c'est bien là que leur Seigneur a été crucifié.
9 *Des hommes de tous peuples, races, langues et nations*
viendront voir leurs cadavres pendant trois jours et demi,
sans qu'il soit permis de les mettre au tombeau.
10 *Les habitants de la terre en seront heureux,*
ils s'en réjouiront, ils échangeront des présents,
parce que ces deux prophètes
auront tourmenté les habitants de la terre.

11 *Mais, après ces trois jours et demi,*
l'Esprit de vie, qui vient de Dieu, est entré en eux
et ils se sont dressés sur leurs pieds.
Alors une grande crainte est tombée
sur ceux qui les regardaient,
12 *et les deux témoins ont entendu une voix puissante,*
venant du ciel,
qui leur disait :
« Montez jusqu'ici ! »
Ils sont montés au ciel dans la nuée,
et leurs ennemis les regardaient.
13 *Et à cette heure-là,*
il y eut un grand tremblement de terre,
et un dixième de la ville tomba,
et dans le tremblement de terre
furent tuées sept mille personnes.
Les survivants furent pris de peur
et rendirent gloire au Dieu du ciel.

Placée au centre de l'Apocalypse, la vision des deux témoins ne peut être considérée comme un hors-d'œuvre ajouté après coup. Bien au contraire, elle développe l'un des enseignements majeurs du Livre. L'interprétation n'en est pas moins fort controversée. S'appuyant sur des légendes juives, certains voient dans les deux témoins Hénoch et Élie : ces deux héros de l'Ancien Testament ont échappé à la mort (Gn 5, 24 et 2 R 2) et attendent au paradis le salut final d'Israël. L'apocalypse juive, mise sous le nom du premier (*supra*, p. 29), a joui d'un grand crédit parmi les judéo-chrétiens, comme on le voit par la citation expresse qu'en fait Jude dans sa courte épître (v. 14s). L'attente d'un retour d'Élie est bien attestée dans l'Ancien Testament. Selon Malachie (3, 23s) il doit revenir avant le Jour de Yahvé pour *« ramener le cœur des pères vers leurs fils et le cœur des fils vers leurs pères »* (voir aussi Si 48, 10). Plusieurs textes du Nouveau Testament y font allusion (Lc 1, 17 ; Mt 17, 10-13). Selon l'Apocalypse d'Élie, œuvre judéo-chrétienne dont il est difficile de préciser la date, Hénoch et Élie reviendront sur terre pour combattre l'Antéchrist, seront mis à mort mais ressusciteront[1]. Si le texte n'évoque pas directement la figure d'Hénoch, certains traits correspondent bien à celle d'Élie : le feu qui sort de la bouche au verset 5 (cf. 2 R 1, 10.14), et la sécheresse au verset 6 (cf. I R 17). Le changement de l'eau en sang (v. 6) évoque l'une des plaies d'Égypte (Ex 7, 17), aussi plusieurs Pères de l'Église interprétèrent-ils le texte comme parlant d'un retour de Moïse et d'Élie, mentionnés l'un et l'autre lors de la transfiguration du Christ (Mt 17, 3). Selon une perspective historique, des interprètes modernes voient dans ce chapitre une allusion au martyre des apôtres Pierre et Paul, martyrisés à Rome au temps de Néron[2], dont la sinistre mémoire est évoquée au chapitre 13 (v. 3). Cette interprétation exige la suppression des mots *« là où leur Seigneur a été crucifié »* au verset 8. Or, il s'agit de la seule mention directe de la croix dans l'Apocalypse, l'Agneau étant présenté comme immolé (5, 6). Ce renvoi à la croix est certainement intentionnel ; rien ne justifie une ablation chirurgicale. Par ailleurs, ce qui est dit de l'action des deux témoins aux versets 5 et 6 correspond bien mal à la prédication des deux apôtres[3].

---

1. Traduction de l'*Apocalypse d'Élie*, dans La Bible. *Textes intertestamentaires*, p. 1797-1824.
2. Ainsi Boismard, dans la *Revue Biblique* 1949, p. 50.
3. Pour Charlier, les deux Témoins représentent « immédiatement Jésus de Nazareth dans sa destinée historique » (T. I, p. 247). Qui ne voit l'arbitraire de pareille lecture !

Face à ces difficultés d'interprétation, il faut d'abord relever toutes les particularités du texte, avec leurs allusions variées à l'Ancien Testament. Au verset 3, on dirait que les deux témoins sont déjà connus ; c'est Dieu qui les envoie pour prophétiser. Ainsi les deux notions de prophétie et de témoignage sont-elles indissociablement liées dans le texte. L'accoutrement ascétique des témoins convient à une prédication de « conversion » qui durera le temps conventionnel de l'épreuve, tel qu'on le note déjà dans le livre de Daniel. Le verset 4 opère un décodage en nous renvoyant à une vision très complexe de Zacharie sur le chandelier d'or, flanqué de chaque côté par un olivier qui alimente en huile les lampes du sanctuaire. Selon l'explication fournie par l'ange interprète, la vision concerne *« les deux hommes désignés pour l'huile, ceux qui se tiennent devant le Maître de toute la terre »* (Za **4**, 14). Il s'agit de Josué, le grand-prêtre, et de Zorobabel, gouverneur de la Judée, lui-même descendant de David. Pour le prophète, la reconstruction du Temple et le rétablissement de la royauté semblent liés. L'histoire prendra en réalité un autre tour, avec la disparition de Zorobabel, mais la vision de Zacharie n'en exercera pas moins une grande influence avec la conception de deux Messies, le Messie davidique et le Messie sacerdotal, comme l'attestent plusieurs textes de Qumrân[1]. Rappelons que l'Apocalypse avait déjà exploité en un sens ecclésial la vision du chandelier d'or (Ap **1**, 20). Ne faut-il donc pas établir un rapport entre la vision des sept églises, représentées comme sept chandeliers (**1**, 20), et les deux témoins du chapitre 11 ? et cela d'autant plus que, selon une affirmation constante, le peuple de Dieu constitue « un royaume, des prêtres » (**1**, 6 ; **5**, 10 ; **20**, 6).

Dans un premier temps, la mission des deux témoins est caractérisée par l'invulnérabilité ; le Voyant recourt aux images les plus fortes, tirées de l'histoire d'Élie et de Moïse. On dirait même que les témoins peuvent se livrer à la vengeance, ce qui explique évidemment la joie des habitants de la terre quand ils disparaîtront

---

1. Pour un premier aperçu sur le sujet, voir J. Pouilly, Suppl. C.E. 61 (1987), Qumrân, p. 74-78.

(v. 10). Ces indications constituent une vraie difficulté pour l'interprète.

Surgit alors un adversaire qui sera amplement décrit aux chapitres suivants : la Bête qui monte de l'abîme. Elle les fait périr et les cadavres restent exposés sur la place d'une ville aux dimensions cosmiques, quintessence de toutes les iniquités du monde : Sodome aux vices contre nature (Gn **19**), l'Égypte, terre de servitude, et de ce fait type des puissances idolâtres et hostiles au peuple de Dieu (Is **19**, 1-3 ; Sg **11**, 15s ; **12**, 23-27 ; **15**, 14-19), Jérusalem qui a crucifié son Seigneur. Le défilé des nations pendant ces trois jours et demi accentue le caractère fantastique de la vision : nous sommes hors de l'espace, hors du temps habituels. C'est l'histoire de l'humanité tout entière qui est envisagée, à la manière dont saint Augustin opposera les deux Cités.

Après le temps de l'épreuve, voici l'intervention de l'Esprit de résurrection, déjà annoncé par Ézéchiel (**37**, 5.10), et l'ascension céleste des témoins. Un tremblement de terre marque l'importance de l'événement ; les survivants rendent gloire au Dieu du ciel, ce qui signifie leur conversion. Les termes ici employés correspondent à ceux que l'on retrouvera pour la proclamation de l'Évangile éternel (**14**, 7).

Comment interpréter cette vision ? À l'encontre d'une interprétation individuelle, remarquons que toutes les visions de l'Apocalypse ont une portée collective et ne visent jamais des individus, sauf Jean dans son rôle de prophète. En particulier la vision de la Femme, poursuivie par le Dragon au chapitre 12, est directement ecclésiale. Il convient d'expliquer l'un par l'autre ces deux chapitres, tout comme le chapitre 11 est en lien avec le précédent. On notera aussi que les deux témoins agissent toujours ensemble : c'est le caractère collégial de leur mission qui est mis en avant. Ils représentent ainsi l'Église, dans sa mission à la fois royale et sacerdotale (**1**, 6 ; **5**, 10) face à l'hostilité du monde, l'Église à la fois protégée comme Temple de Dieu et foulée aux pieds dans ses parvis extérieurs (**11**, 1-2). Sa mission essentielle est de recevoir *« le témoignage de Jésus »* (**1**, 2-3), de garder fidèlement ces paroles prophétiques (**22,** 9s) et de répercuter aux nations le message reçu par Jean (**10,** 11).

Pour que passe par leur bouche *« le témoignage de Jésus »* confié à Jean, les témoins doivent suivre le même chemin que leur Maître condamné à la croix. Mais pas plus que lui, ils ne resteront sous l'emprise de la mort, grâce à l'Esprit de vie. Les fléaux précédents n'avaient fait qu'endurcir les hommes dans leur résistance à Dieu (**9,** 20-21 ; **11,** 9s). Seule la configuration au mystère pascal provoque la conversion des survivants. Invitation aux fidèles à se tenir hardiment sur la grand-place du Monde des nations, à y poursuivre, dans une communion étroite entre eux, leur témoignage sur la victoire de l'Agneau immolé, car le salut nous vient par la croix du Seigneur.

La septième trompette

11 14 *Le deuxième « Malheur » est passé ;*
voici que le troisième « Malheur » vient sans tarder.
15 *Le septième ange sonna de la trompette,*
et il y eut dans le ciel des voix fortes qui disaient :
« Voici le règne sur le monde de notre Seigneur
et de son Christ,
et il régnera pour les siècles des siècles. »
16 *Et les vingt-quatre Anciens*
qui siègent sur leurs trônes devant Dieu
se prosternèrent, la face contre terre,
et adorèrent Dieu en disant :
17 *« À toi, nous rendons grâce,*
Seigneur, Dieu de l'univers,
toi qui es, toi qui étais !
Tu as saisi ta grande puissance
et pris possession de ton règne.
18 *Les peuples s'étaient mis en colère,*
alors, ta colère est venue
et le temps du jugement pour les morts,
le temps de récompenser tes serviteurs,
les prophètes, les saints,
ceux qui craignent ton nom,

les petits et les grands,
le temps de détruire
ceux qui détruisent la terre.

La 7ᵉ sonnerie se caractérise par l'importance des hymnes ; comme toujours elles nous donnent la clef d'interprétation. Alors qu'on annonce le troisième *Malheur* (ou mieux : *Hélas !* **11,** 14 par référence à **8,** 13) retentit un chant de victoire : c'est maintenant que s'accomplissent les promesses contenues dans les Psaumes du Règne. Alors que ceux-ci n'envisageaient que la prise du pouvoir par Dieu, le Christ dans l'Apocalypse lui est pleinement associé (**2,** 27s ; **3,** 21 ; **5,** 13). L'eucharistie des 24 Anciens développe le thème avec une insistance sur le double aspect du jugement : colère contre les uns, récompense pour les autres. La suite logique de ces annonces n'est-elle pas au chapitre 19 ? Et pourtant le drame se poursuit...

SECONDE PARTIE DU DRAME

LA FEMME ET LE DRAGON

La vision de la Femme et du Dragon est particulièrement célèbre, vision à la fois de gloire et d'épouvante où l'on sent revivre d'anciens mythes et où le lecteur projette ses angoisses et ses rêves. Vision qui a toujours tenté les artistes, avec des représentations d'une sauvage beauté comme les enluminures des Beatus de Liébana. Vision chère aux pèlerins mariaux, parce que la liturgie a fait choix de ce texte pour la fête de l'Assomption de Marie. L'histoire de l'interprétation a donné lieu à tout un volume[1]. Notre seule possibilité ici est d'esquisser une interprétation qui réponde à l'organisation du texte et fasse droit à la logique d'ensemble du drame. Nous y reconnaissons l'ouverture de la seconde partie du drame, avec la présentation des protagonistes.

PLAN D'ENSEMBLE :

Au ciel apparition de l'arche d'alliance (11, 19).
Au ciel : la Femme glorieuse et le Dragon ; l'enfant échappe au Dragon et la femme s'enfuit dans le désert (12, 1-6).
INTERMÈDE : la lutte de Michel contre le Dragon ; chant de victoire (12, 7-12).
Sur terre : offensive du Dragon contre la Femme qui lui échappe miraculeusement (12, 13-18.)

---

1. P. Prigent, *Apocalypse 12. Histoire de l'exégèse*, Tübingen, 1969. A. Feuillet est revenu souvent sur ce texte et nous lui devons beaucoup. Voir en particulier « Le Messie et sa mère d'après le chap. XII de l'Apocalypse », dans *Études johanniques,* Paris-Bruges, Desclée de Brouwer, 1962, p. 272-310. Pour une explication plus détaillée sur « Le Signe de la Femme », voir mon livre *Exégèse et Liturgie,* p. 305-323.

La section allant du verset 7 au verset 12 s'intercale comme un coin entre les péripéties de la lutte du Dragon contre la Femme, le verset 6a trouvant sa suite narrative au verset 13b. Loin d'être un hors-d'œuvre dont on puisse se dispenser, cette section intermédiaire nous révèle l'aspect théologique du drame en cours.

ARRIÈRE-PLAN DE LA VISION

Comme toujours il est indispensable de repérer les éléments qui servent à Jean de point de départ. Le mot *drakôn* désigne dans la Bible grecque une série d'êtres redoutables, qui peuplent soit la mer, soit l'atmosphère. À la différence de l'Extrême-Orient où l'apparition d'un dragon dans un rêve est un présage de bonheur, dans la mythologie du Proche-Orient le Dragon, sous ses diverses formes, joue un rôle néfaste. Il représente les forces du chaos dans les mythes de création. C'est ainsi que l'épopée *Enuma Elish*, récitée chaque année à Babylone pour la fête du Nouvel An, glorifie la victoire de Marduk contre Tiamat, le monstre des eaux[1]. Des échos s'en trouvent dans la Bible qui le dénomme *Léviatan* et le représente comme un crocodile monstrueux (Jb **40**, 25 ; **41**, 26). En plus de ce Léviatan, dont Dieu a triomphé lors de la création (Ps **74**, 14 ; Jb **7**, 12) mais aussi lors du passage de la mer Rouge (Is **51**, 9sv), il existe un monstre céleste qui cherche à engloutir le soleil ou la lune, provoquant ainsi les éclipses (Jb **3**, 8). On attend la victoire définitive de Dieu sur *Léviatan* à l'ère eschatologique (Is **27**, 1). Pour leur part, les Grecs racontaient comment le dragon Python poursuivit Léto, enceinte des œuvres de Zeus. La fugitive trouva refuge dans une île sous-marine, identifiée par certains avec Patmos, où elle mit au monde Artémis et Apollon. Quatre jours après sa naissance celui-ci tua Python, conformément à l'oracle.

Dans ce domaine de l'imaginaire, les influences peuvent s'adjoindre l'une à l'autre en surimpression. Ce qu'il importe, c'est de repérer les plus fondamentales. Vu l'horreur de Jean pour l'idolâ-

1. Traduction d'extraits dans Supplément au *Cahier Évangile* n° 38 (1981), p. 20-23.

trie, l'influence des mythes païens ne peut être que subconsciente, au mieux très secondaire. Par contre, une page de la Genèse apparaît déterminante, le chapitre 3 avec la figure du Serpent tentateur et la promesse d'une revanche de la descendance de la femme. Au serpent Dieu déclare en effet :

« *Je mettrai l'hostilité entre toi et la femme, entre ta descendance et sa descendance. Celle-ci te meurtrira à la tête et toi, tu la meurtriras au talon.* » (Gn 3, 15.)

De portée indistincte, ce texte a reçu déjà dans sa traduction grecque une portée messianique. En effet, après l'annonce à la femme d'une descendance (*sperma,* mot neutre), suit un pronom masculin (*autos*) :

« *Je mettrai une haine entre toi et la femme, entre ta semence (*sperma*) et sa semence. Il (*autos*) guettera ta tête et tu guetteras son talon.* » (Gn 3, 15.)[1]

Avec des variantes, le Targum araméen confirme l'interprétation messianique de ce texte qui recevra, dans la tradition chrétienne, le nom de Protévangile et sera appliqué à Marie, mère du Messie. Par ailleurs, la représentation de Sion comme une Femme appelée à donner naissance à une nombreuse progéniture est courante dans le judaïsme (Is 54, 1 ; 60, 1sv ; Ba 5, 1sv). Impossible non plus d'interpréter le chapitre 12 sans tenir compte de la description de la Jérusalem-Épouse dans les derniers chapitres de l'Apocalypse (19-22). Ces quelques réflexions nous orientent vers une compréhension ecclésiale de la vision, à la suite des plus anciens commentateurs.

EXPLICATION DE LA VISION

11 19 *Le Temple qui est dans le ciel s'ouvrit,*
et l'arche de l'Alliance du Seigneur
apparut dans son Temple,

1. Traduction de M. Harl, *La Bible d'Alexandrie LXX. La Genèse,* Cerf, 1986. Voir la note correspondante.

et il y eut des éclairs, des fracas, des coups de tonnerre,
un tremblement de terre et une terrible grêle.

12 1 *Un signe grandiose apparut dans le ciel :*
une Femme,
ayant le soleil pour manteau,
la lune sous les pieds,
et sur la tête une couronne de douze étoiles.
2 *Elle était enceinte et elle criait,*
torturée par les douleurs de l'enfantement.
3 *Un autre signe apparut dans le ciel :*
un énorme dragon, rouge feu,
avec sept têtes et dix cornes,
et sur chaque tête un diadème.
4 *Sa queue balayait le tiers des étoiles du ciel,*
et les précipita sur la terre.
Le Dragon se tenait devant la femme qui allait enfanter,
afin de dévorer l'enfant dès sa naissance.
5 *Or, la Femme mit au monde un fils, un enfant mâle,*
celui qui sera le berger de toutes les nations,
les menant avec un sceptre de fer.
L'enfant fut enlevé auprès de Dieu et de son Trône,
6 *et la Femme s'enfuit au désert,*
où Dieu lui a préparé une place,
pour qu'elle y soit nourrie
pendant mille deux cent soixante jours.

7 *Il y eut alors un combat dans le ciel :*
celui de Michel et de ses anges contre le Dragon.
8 *Le Dragon, lui aussi, combattait avec l'aide des siens,*
mais ils furent les moins forts
et perdirent leur place dans le ciel.
9 *Oui, il fut rejeté, le grand Dragon,*
le serpent des origines,
celui qu'on nomme Démon et Satan,
celui qui égarait le monde entier.
Il fut jeté sur la terre,
et ses anges avec lui.
10 *Alors j'entendis dans le ciel une voix puissante,*
qui proclamait :
« Voici maintenant le salut,
la puissance et la royauté de notre Dieu,

et le pouvoir de son Christ !
Car l'accusateur de nos frères a été rejeté,
lui qui les accusait jour et nuit devant notre Dieu.
11 *Et eux, ils l'ont vaincu*
par le sang de l'Agneau et le témoignage de leur parole.
Dépassant l'amour d'eux-mêmes,
ils sont allés jusqu'à la mort.
12 *Ciel, sois donc dans la joie,*
ainsi que vous tous qui demeurez aux cieux.
Mais malheur pour la terre et pour la mer,
parce que le démon est descendu vers vous
en grande fureur,
sachant qu'il lui reste peu de temps. »

On peut hésiter sur l'appartenance du dernier verset du chapitre 11 (v. 19), soit à la fin du septénaire des trompettes (ainsi Prigent), soit comme prélude à la vision du chapitre 12. L'ouverture du Temple céleste convient mieux à un début (ainsi 4, 1) qu'à une conclusion, aussi faisons-nous commencer l'ensemble des chapitres 12-15 avec l'apparition de l'Arche d'Alliance. Une donnée à bien mettre en relief, puisque l'Arche n'est nommée nulle part ailleurs dans l'Apocalypse. Jérémie n'avait-il pas annoncé qu'on ne s'en souviendrait plus (Jr 3, 16), car toute la Ville sera appelée trône de Dieu (cf. Ap 21, 22). La vision de l'Arche dans le temple céleste nous invite à lire la vision suivante comme concernant la pleine réalisation de l'Alliance promise par Dieu à son peuple, ce « *Mystère de Dieu* » dont parlait le verset 7 du chapitre 10.

Une formule solennelle introduit la vision : « *Un grand signe apparut dans le ciel* » (12, 1), à quoi correspond le signe du dragon (v. 3). La formule ne revient ensuite qu'au début du chapitre 15 pour introduire le dernier septénaire (les coupes) et la vision ecclésiale de la traversée de la mer Rouge par les élus (15, 2-4). À la différence de l'emploi banal de « *signes et prodiges* » (ainsi 13, 13s ; 16, 14...), cette indication doit attirer l'attention sur l'importance de la vision, qu'il faudra décoder en y reconnaissant les allusions sous-jacentes à l'Ancien Testament.

La parure stellaire de la Femme évoque les textes sur la glorification future de Jérusalem. On pense tout spécialement à Isaïe

(60, 1) : « *Mets-toi debout et deviens lumière, car elle arrive, ta lumière : la gloire du Seigneur sur toi s'est levée.* » Selon le Psaume **89**, 37s, l'alliance de Dieu avec David doit durer autant que le soleil et la lune. Les douze étoiles, comme dans le songe de Joseph (Gn **37**, 9), correspondent aux douze tribus d'Israël auxquelles sont envoyés les douze Apôtres de l'Agneau (**21**, 14 ; cf. Mt **19**, 28). C'est donc le peuple de Dieu dans sa gloire eschatologique qui apparaît dans le ciel. L'épître aux Éphésiens, dans sa grande bénédiction d'ouverture, évoquera l'élection avant la fondation du monde de ceux qui sont appelés à devenir fils adoptifs par Jésus Christ (Ep **1**, 3-5).

Après une telle vision de gloire, comment expliquer les longues souffrances de l'enfantement ? L'emploi de trois participes présents (traduits par des imparfaits dans la *Traduction pour la Liturgie*) suggère la durée de la prégnance de la femme et des douleurs de l'enfantement. On dirait qu'elle n'arrive pas à mettre l'enfant au monde. Plusieurs textes de l'Ancien Testament relatifs à la femme Israël sont sous-jacents, d'abord un constat d'échec :

« *Nous avons été devant toi, Seigneur, comme une femme enceinte, près d'enfanter, qui se tord et crie dans les douleurs. Nous avons conçu, nous avons été dans les douleurs, mais c'est comme si nous avions enfanté du vent : nous n'apportons pas le salut à la terre, ni au monde de nouveaux habitants.* » (Is **26**, 17s), puis, en contrepartie, la joie d'un enfantement miraculeux :

« *Avant d'être en travail, elle a enfanté, avant que lui viennent les douleurs, elle s'est libérée d'un garçon. Qui a jamais entendu chose pareille*[1] *?...* » (Is **66**, 7s.)

À ce premier signe tellement contrasté s'oppose celui du Dragon, à la couleur sanguinaire, décrit à la manière de la quatrième Bête de Daniel (7, 7). Comme un chien en arrêt, il attend le moment propice pour dévorer le nouveau-né (v. 4). Celui-ci nous est présenté comme l'héritier messianique (voir le Ps **2**, 7-9 et Ap **2**, 27) ; enlevé miraculeusement au ciel, il échappe au péril. De

1. On citera dans le même sens une Hymne de Qumrân (IQH III, 6-18), à l'interprétation difficile en raison de la mutilation du manuscrit. Elle oppose la Femme enceinte de la communauté messianique à la Femme enceinte de l'Aspic.

quel enfantement peut-il donc s'agir ? de quel enlèvement au ciel ? La Femme, elle, doit s'enfuir au désert, lieu d'épreuve et de protection qui évoque l'histoire d'Israël après la fuite d'Égypte.

QUAND SITUER LE COMBAT DE MICHEL CONTRE LE DRAGON ?

Beaucoup de commentateurs pensent au péché des anges à l'origine, en s'appuyant sur des apocryphes juifs, comme la Vie d'Adam et d'Ève. Il convient pourtant de respecter l'indication du verset 10 qui proclame que, grâce au sang de l'Agneau, l'accusateur des frères a été maintenant précipité sur terre. Mis en tête de phrase, ce *« maintenant »* porte l'accent. Il s'agit du moment où l'Enfant est élevé au ciel.

Le texte de ce passage est à la confluence de multiples représentations, comme le montre bien le verset 9 qui cherche à unifier les diverses figures du Mal : *« Le grand Dragon, l'antique serpent, celui qu'on appelle Diable et Satan, le séducteur du monde entier »*. Quelle litanie de titres ! La mention de l'antique serpent nous renvoie expressément à la scène de la Genèse, arrière-plan primordial de cette vision. Le rôle de *« séducteur du monde »* apparaîtra mieux par la suite (ch. 13). Le texte insiste spécialement sur le rôle d'accusateur que joue Satan au tribunal céleste, selon le scénario des chapitres 1 et 2 de Job. Déjà Zacharie avait entrevu que, par fidélité à son Alliance, Dieu débouterait l'accusateur et qu'en signe de retour en grâce il donnerait au grand-prêtre des vêtements de fête (Za 3, 1-5). De façon plus précise, Jésus avait annoncé que lorsqu'il serait élevé de terre, le Prince de ce monde serait jeté bas (Jn 12, 31s). C'est donc maintenant le *« temps du salut »* ; les disciples n'ont plus à craindre d'accusateur devant Dieu, car ils ont pour *« paraclet »* (avocat) Jésus Christ, le Juste, victime d'expiation pour nos péchés (1 Jn 2, 1-2). Par leur témoignage les martyrs participent à la victoire de l'Agneau (v. 11). Le drame serait-il terminé ? Avec le verset 12 de nouvelles péripéties nous sont annoncées.

La femme au désert

12 13 *Et quand le Dragon vit qu'il était jeté sur la terre,*
il se mit à poursuivre la Femme
qui avait mis au monde l'enfant mâle.
14 *Alors furent données à la Femme*
les deux ailes du grand aigle
pour s'envoler au désert,
où elle a sa place pour être nourrie
pendant un temps,
deux temps et la moitié d'un temps,
loin de la présence du Serpent.

15 *Puis le Serpent projeta de sa bouche*
derrière la Femme
comme un fleuve d'eau
pour qu'elle soit emportée par le fleuve.
16 *Mais la terre vint au secours de la Femme :*
la terre ouvrit sa bouche
et engloutit le fleuve
que le Dragon avait projeté de sa bouche.
17 *Alors le Dragon se mit en colère contre la Femme,*
et s'en alla faire la guerre
contre le reste de sa descendance,
ceux qui observent les commandements de Dieu
et qui gardent le témoignage pour Jésus.
18 *Et il s'arrêta sur le rivage de la mer.*

Comme si souvent dans l'Apocalypse, danger et protection sont étroitement liés. Les ailes du grand Aigle évoquent la protection de Dieu qui transporte Israël de la terre de servitude à la montagne de l'Alliance (Ex 19, 4 et Dt 32, 11). La nourriture indiquée au verset 14 correspond à la manne, figure de l'Eucharistie (cf. 2, 17). Exprimée sous forme énigmatique, *« un temps, des temps, la moitié d'un temps »* (cf. Dn 12, 7), la durée de l'épreuve est la même que dans la vision des deux Témoins (11, 2.3).

Nouveau péril, nouvelle intervention de Dieu : quand un oued en crue risque d'emporter la descendance de la Femme, la terre s'ouvre à point nommé pour engloutir les eaux de la mort. Avec le verset 17 nous est donnée l'interprétation : la descendance (*sperma*) de la Femme, annoncée par la Genèse (3, 15), ce sont les fidèles *« qui observent les commandements de Dieu et gardent le témoignage de Jésus »*.

Quelle pouvait être la portée d'une telle vision pour les premiers destinataires ? Très concrètement, ils se sentaient poursuivis par le Dragon et, découragés, doutaient de l'avenir. Jean proclame alors la fidélité de Dieu à son Alliance et, sous les traits de la Femme enveloppée de lumière, évoque le peuple élu, dans lequel est né le Messie[1]. De façon surprenante, la vision télescope les événements ; la vie terrestre du Christ est comme gommée, d'un seul coup on passe de la terre au ciel. Il ne peut s'agir de la naissance du Christ à Bethléem, mais de l'enfantement douloureux du Calvaire selon une symbolique attestée dans l'Évangile selon saint Jean :

« *Lorsque la femme enfante, elle est dans l'affliction puisque son heure est venue ; mais lorsqu'elle a donné le jour à l'enfant, elle ne se souvient plus de son accablement, elle est tout à la joie d'avoir mis un homme au monde. C'est ainsi que vous êtes maintenant dans l'affliction ; mais je vous verrai à nouveau, votre cœur alors se réjouira, et cette joie, nul ne vous la ravira.* » (16, 21.)

Quant au Psaume 2, psaume d'intronisation royale, auquel le verset 5 se référait, il a été au point de départ appliqué non à la naissance du Christ, mais à sa résurrection, comme on le voit dans les Actes des Apôtres :

« *La promesse faite aux pères, Dieu l'a pleinement accomplie à l'égard de nous, leurs enfants, quand il a ressuscité Jésus, comme il est écrit au psaume second : Tu es mon fils, Moi, aujourd'hui, je t'ai engendré.* » (13, 33.)

L'originalité de notre vision vient de ce que, en conformité avec la Genèse, la promesse concerne indistinctement l'Héritier messianique de la Femme et le reste de sa descendance. Celle-ci est

1. Plusieurs textes patristiques du IIe s. évoquent l'Église comme une femme âgée, créée avant le reste du monde (*Pasteur d'Hermas,* Vis. II, 4, 1 ; II *Clément* XIV). Les gnostiques de leur côté personnifient l'Église comme l'un des éons du plérôme, ce qui n'a plus rien à voir avec la vision johannique.

invitée à comprendre sa situation par rapport à celle de l'Agneau dont l'hymne évoque le sacrifice au verset 11. Comme les témoins de la scène précédente, ils ne doivent pas redouter la mort, car elle les conduira à la vie. Leurs souffrances prolongées sont le signe d'un enfantement, celui du monde nouveau. Déjà saint Paul avait comparé ses souffrances apostoliques à celles de la mère, quand il écrivait à ses chers Galates : *« Mes petits-enfants que, dans la douleur, j'enfante à nouveau, jusqu'à ce que Christ soit formé en vous. »* (Ga 4, 19.)

Si la vision se rapporte d'abord à toute la communauté, appelée à donner naissance au Messie et pourtant sauvée par ce même Messie, comment ne pas évoquer le rôle spécifique de celle qui fut sa mère au sens propre ? Tel est le fondement de l'application mariale proposée pour ce texte[1]. Le Concile Vatican II a heureusement remis en honneur l'idée que Marie est la figure de l'Église. L'accent propre de notre passage consiste à dire qu'il faut situer le rôle propre de Marie au cœur de la mission d'une Église qui regroupe dans son sein tous les fidèles, d'Abel le juste aux témoins de la Parousie.

---

1. Je cite la conclusion d'A. Feuillet : « On conçoit qu'une exégèse ecclésiale d'Apoc. 12 ne soit nullement exclusive de l'exégèse mariale, à la condition que celle-ci soit maintenue au rang secondaire et subordonné qui seul lui convient. » (*Op. cit.*, p. 310).

LES DEUX BÊTES

Cette nouvelle vision est liée à la précédente par un banal *« Alors, j'ai vu »* (comme en **13**, 11 ; **14**, 1.6.14), mais le personnage de la Femme a disparu. Par contre, deux Bêtes vont occuper le devant de la scène : l'une que l'on avait déjà entrevue au chapitre 11, verset 7 « *la Bête qui monte de l'abîme* » et une autre qui fait sa première apparition, « *la Bête de la terre* » (v. 11).

Le début du chapitre 7 de Daniel constitue la base de l'inspiration de Jean, ainsi que le chapitre 12, mais comme toujours celui-ci remanie profondément ses textes sources.

La Bête de la mer

13 1 *Alors, j'ai vu monter de la mer*
une Bête ayant dix cornes et sept têtes,
avec sur les cornes dix diadèmes
et sur les têtes des noms blasphématoires.
2 *Et la Bête que j'ai vue ressemblait à une panthère ;*
ses pattes étaient comme celles d'un ours,
et sa gueule comme celle d'un lion.
Le Dragon lui donna sa puissance et son trône,
et un grand pouvoir.
3 *Elle avait une de ses têtes comme blessée à mort,*
mais sa plaie mortelle fut guérie.

La terre entière, prise d'admiration,
marcha derrière la Bête,
4 *et l'on se prosterna devant le Dragon*
parce qu'il avait donné le pouvoir à la Bête,
et l'on se prosterna devant la Bête en disant :
« Qui est semblable à la Bête,
et qui peut lui faire la guerre ? »
5 *Et il lui fut donné une bouche*
qui tenait des propos délirants et blasphématoires,

et il lui fut donné pouvoir d'agir
pendant quarante-deux mois.
6 *Elle ouvrit la bouche*
pour proférer des blasphèmes contre Dieu,
pour blasphémer contre son nom et sa demeure,
et ceux qui demeurent au ciel.
7 *Et il lui fut donné de faire la guerre aux saints*
et de les vaincre,
et il lui fut donné pouvoir
sur toutes races, peuples, langues et nations.
8 *Et tous les habitants de la terre l'adoreront,*
ceux dont le nom n'est pas inscrit
depuis la création du monde
dans le livre de vie de l'Agneau immolé.

On reconnaît aisément deux strophes d'égale longueur, se terminant chacune par une scène d'adoration (v. 4 et 8). En conclusion, un solennel avertissement (9-10). Alors que, pour les Grecs, la mer est un élément vital – qu'on pense au cri des Dix Mille, « la Mer, la Mer ! » –, pour les auteurs bibliques, c'est le lieu des forces incontrôlées du chaos, le séjour des êtres maléfiques ; à l'ère eschatologique il n'y en aura plus (**21**, 1) !

Dans son cauchemar, Daniel avait vu une suite de Bêtes féroces représentant la succession des empires païens ; de beaucoup la plus cruelle, la quatrième représentait le royaume de Syrie. Quant à la corne au parler blasphématoire, c'était le roi persécuteur, Antiochus Épiphane (175-164). Ici la Bête de la mer totalise toutes les formes de brutalité. La présence de dix cornes sur sept têtes constitue un défi pour les imagiers ; l'explication de cette anomalie sera donnée au chapitre 17 (v. 9-12). On notera l'insistance sur les blasphèmes de la Bête (v. 1-5) : manifestement il s'agit de sa prétention à la divinité. Le culte impérial est visé (*supra*, p. 22).

Plusieurs indications font de cette vision la parodie de l'investiture de l'Agneau (ch. 5). Le Dragon transmet son pouvoir. Comment ne pas songer à cette scène de la tentation où Satan prétend qu'il peut donner à qui il veut tous les royaumes de la terre (Lc **4**, 6) ? Sombre conception sur l'origine et la nature du pouvoir politique, bien différente de celle que Paul expose dans son épître aux Romains :

« *Que tout homme soit soumis aux autorités qui exercent le pouvoir, car il n'y a d'autorité que par Dieu et celles qui existent sont établies par lui.* » (Rm **13**, 1)

L'une des têtes est blessée à mort, mais guérit (v. 14), à la manière dont l'Agneau porte les cicatrices de son immolation. Nous retrouverons ce thème au chapitre 17, verset 8 (*infra*, p. 143). Émerveillés, les habitants de la terre entonnent un chant qui imite maint passage de l'Ancien Testament (Ex **15**, 11 ; Dt **3**, 24...) : qui est comparable à la Bête ? Comment ne pas évoquer la signification du nom de Michel : « Qui est comme Dieu ? »

La seconde strophe concernerait-elle une seconde investiture de la Bête ? « *Il lui fut donné...* » Derrière ce passif impersonnel, il faut reconnaître l'obscure présence de Dieu qui reste maître de la situation, puisqu'il a déjà inscrit le nom des élus dans le livre de vie (v. 8). Si nous voulions respecter les nuances théologiques, il faudrait dire : Dieu permit que, de sa bouche, elle proférât arrogances et blasphèmes... Aux prétentions sacrilèges de la Bête s'ajoute la volonté de faire disparaître les opposants, adorateurs du seul Dieu. La quadruple formule qui caractérise l'étendue du royaume de la Bête « *races, peuples, langues et nations* » se trouvait déjà au chapitre 5 (v. 9) : empire contre empire. Qui vraiment l'emportera ?

Appel à la persévérance

13 9 *Si quelqu'un a des oreilles, qu'il entende.*
10 *Si quelqu'un est destiné à la captivité,*
il part en captivité ;
si quelqu'un doit être tué par l'épée,
il est tué par l'épée.
C'est là qu'on voit la persévérance et la foi des saints.

L'appel à l'attention qui terminait chacune des sept lettres aux Églises, se retrouve ici pour souligner la gravité de la consigne. Celle-ci s'inspire d'un oracle de Jérémie, prononçant une condamnation sans appel : *« À la mort, qui est pour la mort ! À l'épée, qui est pour l'épée ! À la famine, qui est pour la famine ! »* (**15**, 2.) Jean transforme le texte[1] : non plus condamnation par Dieu et sentence contre les impies, mais appel aux fidèles de l'Agneau à triompher par la persévérance (**1**, 9 ; **3**, 10 ; **14**, 12) de toutes les menaces de la Bête.

Par opposition à ceux qui prôneraient une résistance armée, comme le firent les zélotes, mais tout autant par opposition aux Nicolaïtes qui acceptaient la compromission avec l'Empire (*supra,* p. 53), Jean invite solennellement à l'acceptation de la souffrance et du martyre. Selon la consigne donnée par le Christ dans le discours eschatologique, *« celui qui tiendra jusqu'au bout sera sauvé »* (Mc **13**, 13).

La Bête de la terre

13 11 *Puis, j'ai vu monter de la terre une autre Bête ;*
elle avait deux cornes comme un agneau,
et elle parlait comme un dragon.
12 *Elle exerce tout le pouvoir de la première Bête*
en sa présence,
et elle fait en sorte que la terre et tous ceux qui l'habitent
adorent la première Bête,
dont la plaie mortelle a été guérie.
13 *Elle fait de grands miracles,*
si bien qu'elle fait même tomber le feu du ciel
sur la terre
sous le regard des hommes,
14 *et qu'elle égare les habitants de la terre*
par les miracles qu'il lui a été donné de faire
en présence de la Bête :
elle dit aux habitants de la terre
de dresser une image en l'honneur de la Bête,

1. Sur les problèmes de critique textuelle, voir Prigent, et mon article *Royauté sacrale.* Apocalypse, DBS X, c. 1105 : *« Jean ne menace pas du glaive les persécuteurs mais invite les fidèles à accepter de participer au destin de l'Agneau égorgé, qui trône maintenant sur le mont Sion. » (14, 1-5.)*

qui a été blessée par l'épée
et qui a repris vie.
15 *Il lui a été donné d'animer l'image de la Bête,*
au point qu'elle se mette à parler,
et qu'elle fasse tuer tous ceux qui ne se prosternent pas devant l'image de la Bête.
16 *Et pour tous, petits et grands,*
riches et pauvres, libres et esclaves,
elle fait en sorte qu'on leur mette une marque
sur la main ou sur le front,
17 *et que personne ne puisse acheter ou vendre,*
sauf celui qui porte cette marque :
le nom de la Bête ou le chiffre de son nom.
18 *Ici il faut être sage.*
Celui qui est intelligent,
qu'il fasse des calculs sur le chiffre de la Bête,
car c'est le chiffre d'un homme,
et ce chiffre est six cent soixante-six.

L'introduction de cette nouvelle Bête représente une innovation par rapport à la vision de Daniel. Cette Bête singe l'Agneau (**13**, 11) et se manifeste surtout par son pouvoir de persuasion, sa maîtrise dans l'art de la séduction, de la propagande. Les prodiges qu'elle accomplit correspondent à ceux que Jésus avait annoncés dans son discours eschatologique (Mc **13**, 22) ; ce ne sont donc pas les signes extérieurs, si brillants soient-ils, qui suffisent à établir la vérité d'une doctrine. Le verbe « *égarer* » (v. 14) avait déjà été employé pour l'activité de Satan, le séducteur de toute la terre (**12**, 9). Plus loin, cette Bête sera désignée comme Faux Prophète (**16**, 13 ; **19**, 20 ; **20**, 10) ; elle joue le rôle des faux messies et des faux prophètes mentionnés dans ce même discours (Mc **13**, 22 *par.*).

Le verset 14 fait allusion à toutes les statues, souvent monumentales, élevées dans chaque ville en l'honneur des dieux et tout spécialement de l'empereur régnant. Statues qui n'avaient pas seulement un but d'ornementation, mais qui, concrètement, exprimaient l'autorité du prince régnant sur le pays. Dans sa lettre à Trajan, Pline le Jeune déclare qu'il a voulu contraindre des chrétiens à « sacrifier par l'encens et le vin » devant la statue impériale.

De même que les fidèles ont reçu le sceau (*sphragis*) du Dieu vivant (7, 3), les sujets de la Bête reçoivent une marque (*charagma*) analogue à un laisser-passer sans lequel toute participation à la vie sociale et économique tend à devenir impossible. On ne connaît pas de phénomène de ce type dans l'histoire de l'Empire romain.

La vision se termine par un nouvel appel au discernement : il faut décoder le chiffre de la Bête, 666 ou 616[1]. À s'en tenir à la première leçon, la triple répétition de 6 manifeste l'imperfection radicale de la Bête, sa caducité par opposition à l'éternité de Celui qui est, qui était et qui vient. On peut aussi chercher une allusion à Néron César. Mieux vaut garder le flou de l'indication, car l'application à Rome n'apparaîtra clairement qu'au chapitre 17. Dans ce chapitre préliminaire, Jean a voulu plutôt stigmatiser les prétentions sacrilèges de tout Pouvoir totalitaire, la forme imagée de la vision restant ouverte aux applications successives que l'actualité suggère.

INTERMÈDE

Le chapitre 14 est constitué de trois sections, introduites chacune par *« j'ai vu »* (v. 1, 6, 14). Après la longue description de la guerre des deux Bêtes contre les saints, le thème central de ce nouveau chapitre est l'annonce de l'imminence du jugement et la promesse du bonheur pour les fidèles de l'Agneau.

LE CANTIQUE DES RACHETÉS SUR LE MONT SION

14 1 *Alors j'ai vu l'Agneau debout sur la montagne de Sion,*
et avec lui les cent quarante-quatre mille
qui portent, inscrits sur leur front,
le nom de l'Agneau et celui de son Père.

---

1. Selon Irénée, « ce chiffre, c'est six cent soixante-six, c'est-à-dire six centaines, six dizaines et six unités, pour récapituler toute l'apostasie perpétrée durant six mille ans. » (*Adv. Haer.* V, 28, 2).

2 *Et j'ai entendu une voix venant du ciel*
comme la voix des océans
ou celle d'un grand coup de tonnerre ;
mais cette voix que j'entendais
était aussi comme celle des musiciens
qui chantent en jouant de la harpe.

3 *Ils chantaient un chant nouveau devant le Trône,*
et devant les quatre Vivants et les Anciens.
Personne ne pouvait apprendre ce chant,
sinon les cent quarante-quatre mille,
les rachetés de la terre.
4 *Ils ne se sont pas souillés avec des femmes,*
ils sont restés vierges.
Ce sont eux qui suivent l'Agneau partout où il va ;
ils ont été rachetés du milieu des hommes
pour être offerts les premiers à Dieu et à l'Agneau.
5 *Ils n'ont jamais proféré de mensonge ;*
ils sont irréprochables.

La première vision, celle de l'Agneau sur le mont Sion, apporte un élément de réconfort après les lourdes menaces qui précédaient. Le chiffre de 144 000 établit un lien étroit avec la vision du chapitre 7, mais on observe cependant une différence. Le chapitre 7 insistait sur la multitude innombrable des élus. Ici il est question de « prémices », c'est-à-dire d'un groupe restreint qui annonce la suite[1]. Il faut en tenir compte dans l'exégèse du passage.

L'évocation de l'Agneau sur le mont Sion est sans doute à mettre en rapport avec un texte de Joël qui a exercé une grande influence sur la pensée chrétienne :

« *Quiconque invoquera le nom du Seigneur sera sauvé. En effet, il y aura des rescapés sur la montagne de Sion et à Jérusalem...* » (Jl 3, 5), texte précédé de l'annonce de l'effusion de l'Esprit Saint et commenté par Pierre le jour de Pentecôte (Ac 2, 17sv).

---

1. Selon 1 Co **15**, 20, le Christ est ressuscité comme prémices de ceux qui sont morts. Sa résurrection est ainsi le gage de la résurrection des fidèles, quand l'heure sera venue (1 Co 15, 23s).

Au chapitre 7, les élus avaient reçu le sceau (*sphragis*) du Dieu vivant ; ici ils portent sur le front le nom de l'Agneau et celui de son Père. Cette expression s'oppose directement au nom de la Bête porté par ses partisans (**13**, 17 et **14**, 9). En soulignant la marque de l'Agneau, le texte met en relief le lien entre les rachetés et leur Sauveur.

« *Un cantique nouveau* » : nous avions déjà trouvé la formule au chapitre 5 (v. 9) pour acclamer l'Agneau qui a fait des rachetés *« un royaume de prêtres »*. Nous assistons ici à une nouvelle scène de liturgie céleste, en présence des quatre Vivants et des Anciens.

Quel est donc ce groupe, considéré comme « prémices » ? L'explication du verset 4 est troublante : *« ils ne se sont pas souillés avec des femmes, car ils sont vierges »*. Le texte considérerait-il le mariage comme impur, ainsi que l'ont fait des hérétiques stigmatisés par Paul dans la première épître à Timothée (**4**, 3) ? Sans tomber dans cet excès, beaucoup de commentateurs anciens ont vu dans ce groupe les ascètes qui ont renoncé au mariage par amour de l'Agneau. Mais pourquoi ne pas nommer les femmes qui ne se sont pas souillées avec des hommes ? Il faut chercher la véritable explication au verset 5 : *« dans leur bouche ne s'est point trouvé de mensonge »*. Pour l'Évangile selon saint Jean, comme pour l'Apocalypse, le mensonge n'est pas un défaut quelconque, mais le refus de la vérité, le rejet délibéré de la révélation. Satan est *« le père du mensonge »* (Jn **8**, 44). Le mensonge dénoncé avec véhémence par l'Apocalypse, c'est le culte de la Bête : aux menteurs est réservée la seconde mort dans l'étang de feu et de soufre (**21**, 8). De plus, selon la terminologie biblique, que nous avons rencontrée à propos des Nicolaïtes (**2**, 14.20s), l'idolâtrie est assimilée à la prostitution. C'est ainsi que les partisans de la Bête se sont souillés avec des femmes. Par opposition, les confesseurs de la foi constituent la part privilégiée ; ils sont admis à suivre l'Agneau partout où il va. On trouve cette citation dans la lettre des chrétiens de Lyon, racontant la persécution de l'an 177 :

Ayant confessé sa foi devant le tribunal et subi le martyre, Vettius s'est révélé comme un authentique disciple du Christ : « il suit l'agneau partout où il va » (cf. *Hist. Eccl.* V, 1, 10).

En qualifiant ce groupe de « prémices », l'Auteur laisse espérer la venue d'un plus grand nombre d'élus. C'est à quoi correspond la vision suivante sur l'Évangile éternel.

La proclamation de l'Évangile éternel

14 6 *Puis j'ai vu un autre ange volant en plein ciel,*
porteur d'une bonne nouvelle éternelle
pour l'annoncer à ceux qui résident sur la terre,
à toutes nations, races, langues et peuples.
7 *Il disait d'une voix forte :*
« Craignez Dieu et rendez-lui gloire,
car elle est venue, l'heure où il doit juger ;
prosternez-vous devant celui qui a fait le ciel,
la terre, la mer et les sources d'eau. »

8 *Un autre ange, un deuxième, vint à sa suite ;*
il disait :
« Elle est tombée, elle est tombée, Babylone la Grande,
elle qui a donné à boire à toutes les nations
du vin de la fureur,
celui de sa prostitution. »

9 *Un autre ange, un troisième, vint à leur suite ;*
il disait d'une voix forte :
« Si quelqu'un adore la Bête et son image,
et reçoit la marque sur le front ou sur la main,
10 *lui aussi boira du vin de la fureur de Dieu,*
versé sans mélange dans la coupe de sa colère ;
il sera torturé par le feu et le soufre
devant les anges saints et devant l'Agneau.
11 *Et la fumée de ces tortures*
monte pour les siècles des siècles.
Ils n'ont de repos ni jour ni nuit,
ceux qui adorent la Bête et son image,
et quiconque reçoit la marque de son nom. »
12 *C'est là qu'on voit la persévérance des saints,*
ceux qui gardent les commandements de Dieu
et la foi de Jésus.

13 *Alors j'ai entendu une voix qui venait du ciel.*

Elle me disait d'écrire ceci :
« Heureux désormais
les morts qui s'endorment dans le Seigneur.
Oui, dit l'Esprit de Dieu,
qu'ils reposent de leurs peines,
car leurs actes les suivent. »

Cette vision mérite d'autant plus de retenir l'attention que c'est le seul passage de l'Apocalypse qui contienne le mot *« évangile*[1] ». Curieusement, c'est un Ange qui le proclame. Si l'on tient compte de la correspondance constante entre le ciel et la terre dans l'Apocalypse, comme nous l'avons vu spécialement pour les lettres aux sept Églises, l'action d'un Ange au ciel doit avoir son répondant sur terre ; aux auditeurs/lecteurs de l'Apocalypse de comprendre leur tâche.

Le message lui-même a valeur d'un dernier avertissement : *« Hâtez-vous de vous convertir avant qu'il ne soit trop tard. »* Une comparaison s'impose avec le résumé que Paul lui-même nous a laissé de sa première prédication dans un milieu païen :

« Chacun raconte (...) comment vous vous êtes détournés des idoles, pour servir le Dieu vivant et véritable et pour attendre des cieux son Fils qu'il a ressuscité des morts, Jésus, qui nous arrache à la colère qui vient. » (1 Th **1**, 9-10.)

On voit que Paul reprenait la dénonciation du culte des idoles, traditionnelle dans l'apologétique juive, pour prêcher d'abord le seul Dieu créateur de l'univers (voir aussi Ac **14**, 14-15 ; **17**, 24s), mais

1. Ce passage tient une place capitale dans l'interprétation de Joachim de Flore, un abbé cistercien de Calabre du XIIe s. Il distinguait trois étapes dans l'histoire du salut : l'âge du Père, correspondant à l'Ancien Testament, l'âge du Fils, avec le Nouveau Testament, l'âge de l'Esprit enfin, où une Église toute spirituelle, monastique, embrassera toute l'humanité. Durant le 2e âge, l'Antéchrist agit parmi les fidèles qu'il détache du Christ. L'Église elle-même sera livrée aux ténèbres pendant trois ans, à l'image du Seigneur descendu trois jours aux enfers, avant l'élimination de l'Antéchrist et le triomphe des spirituels. Par la suite, les disciples de Joachim renchérirent, faisant de la doctrine du Maître l'Évangile éternel annoncé par Ap 14, 6s (voir l'art. de B.-D. Dupuy, dans *Catholicisme,* t. VI, c. 878-895). Les idées de Joachim de Flore, sécularisées, exercèrent par la suite une influence considérable, comme l'a montré H. de Lubac, *La postérité spirituelle de Joachim de Flore,* 2 vol., Paris, Lethielleux, 1979-1981.

ensuite il prêchait le salut par Jésus Christ. Ici, le texte ne mentionne que la première partie du message. On ne saurait dire que l'Apocalypse minimise la place de l'Agneau pour le salut ! Pour expliquer ce silence relatif, on peut sans doute citer cette réflexion sur la foi, contenue dans l'épître aux Hébreux : *« Sans la foi, il est impossible d'être agréable à Dieu, car celui qui s'approche de Dieu doit croire qu'il existe et qu'il récompense ceux qui le cherchent. »* (He **11**, 6.)

L'ANNONCE DU JUGEMENT

À la manière des prophètes qui employaient le parfait pour dire qu'une chose était déjà décidée par Dieu, même si elle ne se réaliserait que plus tard, un ange proclame : *« Elle est tombée, elle est tombée, Babylone la Grande. »* (v. 8.) Le thème sera longuement orchestré aux chapitres 17 et 18.

Les graves avertissements qui suivent montrent bien la raison pour laquelle Jean dépeint longuement les fléaux qui atteignent les coupables : provoquer la conversion pendant qu'il est encore temps. Le texte surprend cependant par la brutalité des expressions : vin de la fureur de Dieu, coupe de sa colère, tourments sans fin dans le feu et le soufre... Il est facile de repérer dans l'Ancien Testament l'origine de ces images. Jérémie, en particulier, avait été chargé d'offrir aux nations une coupe de vin enivrant, figure du châtiment qui les atteindrait toutes (Jr **25**, 15sv). L'image de la coupe sert spécialement dans l'oracle final contre Babylone :

« Une coupe d'or dans la main du Seigneur, c'était Babylone ! Elle enivrait toute la terre. Les nations ont bu de son vin ; elles en délirent. Mais brusquement Babylone tombe et se casse (...). » (Jr **51**, 7s.)

Déceler les reprises d'expression de l'Ancien Testament dans notre texte ne suffit pas à l'expliquer. Comment peut-il être question de la *« colère de l'Agneau »* (à comparer avec **6**, 16s ; **11**, 18 ; **16**, 19 ; **19**, 15) ?

L'annonce du jugement se termine par un message de consolation (v. 12-13) : après la reprise du mot d'ordre *« persévérance »* (déjà en **13**, 10), une voix céleste proclame le bonheur de ceux qui sont morts dans la foi. C'est la seconde des sept béatitudes de l'Apocalypse. Le message rejoint la réponse donnée aux martyrs sous l'autel (**6**, 11) et anticipe sur la promesse développée dans le cadre du règne de mille ans (**20**, 4-6). Manifestement Jean veut répondre à l'inquiétude de ceux qui se demandent ce que deviennent les morts avant l'heure du Jugement dernier. Déjà ils bénéficient du repos (à comparer avec 1 Th **4**, 13sv ; **5**, 9-11).

LA COLÈRE DE DIEU

Le Dieu de la Bible n'est pas le Dieu des philosophes, immuable, immobile ; c'est un Dieu passionné, profondément engagé dans sa relation avec les hommes. Aussi les auteurs bibliques n'hésitent-ils pas à attribuer à Dieu des réactions humaines, trop humaines, pensons-nous parfois. On ne peut établir une systématisation des sentiments de Dieu : amour, tendresse, jalousie, colère, pitié, miséricorde... Chacun des auteurs bibliques, selon les circonstances, selon son propre tempérament spirituel met en avant tel ou tel aspect des relations de Dieu avec son peuple. Donnons quelques exemples : quand il dicte les dix commandements, Dieu déclare qu'il est « *un Dieu passionné* » (traduction meilleure que *jaloux*), « *poursuivant la faute des pères chez les fils sur trois et quatre générations, s'ils le haïssent, mais prouvant sa fidélité à des milliers de générations, si elles l'aiment et gardent ses commandements* » (Ex **20**, 5s). Plus loin, Dieu proclame qu'il est « *lent à la colère, plein de fidélité et de loyauté* » (Ex **34**, 6). Bien des épisodes de l'Ancien Testament montrent comment la colère de Dieu éclate contre les pécheurs ; la réaction passionnée de l'amour déçu, nous fera comprendre Osée que son expérience conjugale malheureuse a tant fait réfléchir sur la relation entre Dieu et son peuple. Ce même prophète nous fait assister à la lutte intérieure de Dieu entre la pitié et la colère :

« *Mon cœur est bouleversé en moi, en même temps ma pitié s'est émue. Je ne donnerai pas cours à l'ardeur de ma colère..., car je suis Dieu et non pas homme ; au milieu de toi je suis saint.* (Os **11**, 8s.)

L'exil est apparu comme le temps de la colère contre le peuple infidèle ; la fin de l'épreuve marque le retour en grâce de l'épouse que

Dieu n'avait jamais renvoyée définitivement (Is **50**, 1-3).
Le spectacle de l'injustice et de l'impiété d'Israël et des nations amène les prophètes à évoquer, en termes toujours plus vifs, le *« Jour de la Colère »* (*Dies Irae*) qui atteindra tous les pécheurs (ainsi Is **26**, 20 ; So **1**, 15-**2**, 3...). Ces descriptions, qui manifestent la gravité du péché des hommes et ses conséquences, se retrouvent largement dans l'Apocalypse.
D'autres aspects sont à relever. Ainsi pour Paul la colère de Dieu se manifeste dans le fait que Dieu laisse pour un temps les hommes s'enfoncer dans leur propre péché (Rm **1**, 18sv). Mais ce temps de la Colère, immanente si l'on peut dire, n'a d'autre but que de manifester la miséricorde sans limites, à l'heure où se révèle la Justice de Dieu *« Dieu a enfermé tous les hommes dans la désobéissance pour faire à tous miséricorde. »* (Rm **11**, 32.)
Pour comprendre la véhémence de Jean, il faut toujours se rappeler le but concret de son message : exhorter les chrétiens à la fidélité jusqu'au martyre, s'il le faut, et pour cela combattre la propagande impériale qui présente le succès de l'Empire comme le signe de la protection divine. Non, cet Empire n'est qu'un colosse aux pieds d'argile et il s'écroulera bientôt sous le poids de ses fautes. Écrit de combat, l'Apocalypse oblige aussi ses lecteurs à un choix décisif. Si elle ne craint pas de décrire la colère de l'Agneau contre le monde pécheur, elle n'en célèbre pas moins d'abord l'amour du Christ (**1**, 5) qui s'est manifesté dans le sacrifice de sa vie et invite les hommes de toutes races à le suivre jusqu'au royaume du Père.
Pour une réflexion plus large, voir l'article Colère dans le *Vocabulaire de Théologie biblique* (éd. X. Léon-Dufour, 2e éd., Paris, Cerf, 1971).

La moisson et la vendange de la terre

14 14 *Alors j'ai vu une nuée blanche ;*
et sur cette nuée, quelqu'un siégeait,
semblable à un fils d'homme.
Il avait sur la tête une couronne d'or,
et à la main une faucille aiguisée.

15 *Un autre ange sortit du Temple,*
criant d'une voix puissante à celui qui siégeait sur la nuée :
« Prends ta faucille et moissonne,
l'heure de la moisson est venue,
car elle est mûre, la moisson de la terre. »
16 *Alors, celui qui siégeait sur la nuée*
lança la faucille sur la terre,
et la terre fut moissonnée.

17 *Puis un autre ange sortit du Temple qui est dans le ciel ;*
il avait lui aussi une faucille aiguisée.

18 *Un autre ange encore arriva d'auprès de l'autel ;*
il avait pouvoir sur le feu.
Il interpella d'une voix puissante
celui qui avait la faucille aiguisée :
« Prends ta faucille aiguisée,
et vendange les grappes de la vigne de la terre,
car les raisins sont mûrs. »
19 *L'ange lança la faucille sur la terre,*
vendangea la vigne de la terre,
et jeta le raisin
dans le grand pressoir de la colère de Dieu.
20 *On le foula hors de la ville,*
et du pressoir il sortit du sang
qui gicla jusqu'au mors des chevaux
sur une distance de dix jours de marche.

Cette vision débute par la seconde apparition du Fils d'homme, mais est bien différente de la première (1, 13sv). Là, c'était la relation du Fils d'homme avec les églises qui retenait l'attention. Maintenant le texte-source de Daniel 7 est exploité pour évoquer la manière dont le jugement se réalise. Mais, plus encore que le texte de Daniel, c'est un passage de Joël qui inspire notre auteur. En style apocalyptique, le prophète évoque le rassemblement des nations dans la vallée du jugement (Josaphat).

« *C'est là que je vais siéger pour juger toutes les nations d'alentour. Brandissez la faucille, la moisson est mûre ; venez, foulez, le pressoir est plein ; les cuves débordent. Oui, leur malice est grande.* » (Jl 4, 12s.)

Dans ce texte de Joël, les images de la moisson et de la vendange sont strictement parallèles et expriment le châtiment des coupables. En est-il de même dans l'Apocalypse ? Plusieurs motifs nous en font douter. Remarquons d'abord que, dans la tradition évangélique, la moisson est une image constante pour le rassemblement des élus (Mt **13**, 30.39 ; Jn **4**, 35s). Ici c'est le Fils d'homme lui-même qui lance la faucille, ce qui convient parfaitement à sa mission. En effet, selon l'Évangile de saint Matthieu (**24**, 30s), lorsque le Fils de l'homme viendra sur les nuées du ciel, il enverra ses anges pour rassembler les élus d'une extrémité du monde à l'autre. On peut s'étonner qu'un ange, venu du temple céleste, doive donner le signal au Fils d'homme (Ap **14**, 15). Manière de dire que la détermination de l'heure du jugement relève du Père seul : *« Ce jour-là et cette heure, personne ne les connaît, ni les anges des cieux, ni le Fils, personne sinon le Père lui seul. »* (**24**, 36.)

Pour la vendange, c'est un ange qui lancera la faucille destinée à couper les grappes (v. 18). Ici il s'agit d'une vision de châtiment terrible, aux proportions fantastiques, s'inspirant d'Isaïe (**63**, 1.6). Ce terrible oracle visait Édom, présenté comme le type des pécheurs, et assimilé à Rome dans le judaïsme. Notre vision anticipe la description plus développée au chapitre 19, à partir du verset 15. Elle invite les habitants de la terre à se convertir pendant qu'il en est encore temps !

LE SEPTÉNAIRE DES COUPES

Les deux chapitres 15 et 16 sont étroitement unis entre eux ; avec Prigent on peut leur donner le titre suivant : Jugement et grâce. Ils développent le troisième et dernier des septénaires de fléaux, celui des coupes. Les parallèles avec le septénaire des trompettes sont évidents, mais on notera l'accentuation du parallélisme avec les événements qui marquèrent l'Exode[1]. Aux nouvelles plaies d'Égypte correspond le franchissement de la mer Rouge par les élus (**15**, 2-4). Ce passage est à rapprocher de l'actualisation faite par Paul :

« *Nos pères étaient tous sous la nuée, tous ils passèrent à travers la mer et tous furent baptisés en Moïse dans la nuée et dans la mer.* » (1 Co **10**, 1s.)

Comme toujours dans l'Apocalypse, l'action se déroule sur deux plans : le Temple céleste (**15**, 1.5-8 ; **16**, 1), et la terre (**16**, 2-21). Des hymnes scandent le développement et donnent le sens théologique ; s'y oppose le triste refrain sur le blasphème des survivants (**16**, 9.11.21).

LE CANTIQUE DE MOÏSE ET DE L'AGNEAU

15 1 *Alors j'ai vu dans le ciel un autre signe,*
grandiose et admirable :
sept anges qui détiennent sept fléaux ;
ce sont les derniers,
puisqu'ils marquent l'accomplissement de la colère de Dieu.
2 *J'ai vu comme une mer transparente, et pleine de flammes ;*
et, debout au bord de cette mer transparente,
il y avait tous ceux qui ont remporté la victoire sur la Bête,
sur son image,
et le chiffre contenu dans les lettres de son nom.

1. Voir D. Sesboüé, « Exode et Apocalypse », dans C.E. 11, p. 35-39.

Ils tiennent en main les harpes de Dieu,
3 *et ils chantent le cantique de Moïse, le serviteur de Dieu,*
le cantique de l'Agneau :
« Grandes et admirables tes œuvres,
Seigneur Dieu, le Tout-Puissant !
Justes et vrais tes chemins,
Roi des nations !
4 *Qui ne te craindrait, Seigneur ?*
À ton nom qui ne rendrait gloire ?
Seul tu es saint !
Toutes les nations
viendront se prosterner devant toi,
car voici manifestés tes jugements ! »

Après les signes de la Femme (**12**, 1) et du Dragon (**12**, 3), voici un nouveau signe dans le ciel : les sept anges porteurs des coupes de la colère de Dieu. Ce sont les dernières ; le verbe « accomplir », déjà employé en **10**, 7 pour l'accomplissement du mystère de Dieu, au son de la dernière trompette, confirme en apparence cette idée que c'est maintenant la « der des ders » ! Mais nous avons déjà noté combien Jean se joue des calculs trop précis des apocalypticiens de son temps !

Dans les représentations cosmologiques du temps, la mer de cristal correspond aux eaux supérieures que Dieu a placées au-dessus du firmament (Gn **1**, 6-8). La mention du feu évoque la mer Rouge. Selon l'Exode, Moïse et les Israélites entonnèrent un péan de victoire après sa traversée : *« Je veux chanter le Seigneur, il a fait un coup d'éclat. Cheval et cavalier, en mer il les jeta. »* (Ex **15**, 1.) Cette superposition du salut chrétien sur la délivrance de la servitude d'Égypte manifeste l'une des tendances profondes de l'Apocalypse : manifester l'unité du plan divin, éclairer l'un par l'autre les événements fondateurs des deux alliances, donner sens aux événements dramatiques du présent par recours aux figures de la première Alliance.

En ce qui concerne le contenu du cantique, la comparaison avec la plainte des martyrs du chapitre 6 (v. 10) est instructive. À la demande de vengeance succède la louange de la justice de Dieu : *« Justes et véritables sont tes voies, Roi des nations ! »* L'espérance de la conversion des peuples s'y manifeste au verset 4 et permet de penser qu'au-delà de tous les fléaux qui seront décrits il reste une possibilité de guérison pour les nations (22, 2).

DÉVERSEMENT DES COUPES

15 5 *Et après cela,*
j'ai vu s'ouvrir le Temple
où se trouve la tente de la charte de l'Alliance,
dans le ciel,
6 *et les sept anges aux sept fléaux sortirent du Temple,*
habillés de lin pur et éclatant
avec des ceintures d'or leur serrant la poitrine.
7 *L'un des quatre Vivants donna aux sept anges*
sept coupes d'or remplies de la fureur du Dieu
qui est vivant pour les siècles des siècles.
8 *Et le temple fut rempli de la fumée par la gloire de Dieu*
et sa puissance,
et personne ne pouvait pénétrer dans le Temple
jusqu'à l'accomplissement des sept fléaux des sept anges.

16 1 *Puis j'ai entendu une voix forte venant du Temple,*
qui disait aux sept anges :
« Allez-vous-en répandre sur la terre
les sept coupes de la fureur de Dieu. »

2 *Le premier partit et répandit sa coupe sur la terre :*
alors un ulcère malin et pernicieux apparut
sur les hommes qui portaient la marque de la Bête,
et sur ceux qui se prosternaient devant son image.

3 *Le deuxième répandit sa coupe sur la mer :*
ce fut du sang comme celui d'un cadavre,
et tous les êtres vivants qui étaient dans la mer moururent.

4 *Le troisième répandit sa coupe*
sur les fleuves et les sources d'eau :
ce fut du sang.
5 *Alors j'ai entendu l'ange des eaux qui disait :*
« Tu es juste, toi qui es et qui étais, toi le Saint,
parce que tu as rendu ce jugement.

6 *Ils ont versé le sang des saints et des prophètes :*
tu leur as donné du sang à boire : ils le méritent bien ! »
7 *Puis j'ai entendu l'autel qui disait :*
« *Oui, Seigneur, Dieu tout-puissant,*
tes jugements sont vrais et justes. »

8 *Le quatrième ange répandit sa coupe sur le soleil ;*
il lui fut donné de brûler les hommes par son feu.
9 *Les hommes furent brûlés de brûlures terribles,*
et ils blasphémèrent le nom du Dieu
qui a ces fléaux en son pouvoir,
au lieu de se convertir pour rendre gloire à Dieu.

10 *Le cinquième répandit sa coupe sur le trône de la Bête :*
son royaume fut plongé dans l'obscurité ;
les gens se mordaient la langue de douleur
11 *et blasphémaient le Dieu du ciel*
pour leurs douleurs et leurs ulcères,
au lieu de se convertir de leur conduite.

12 *Le sixième répandit sa coupe sur le grand fleuve,*
l'Euphrate :
ses eaux furent taries
pour préparer la route des rois venant de l'Orient.
13 *Puis j'ai vu sortir de la bouche du Dragon,*
de celle de la Bête et de celle du faux prophète,
trois esprits impurs, comme des grenouilles :
14 *ce sont, en effet, des esprits démoniaques*
qui font des miracles,
et qui s'en vont chez les rois du monde entier
pour les rassembler en vue de la bataille
du grand jour du Dieu tout-puissant.
15 *(Voici que je viens comme un voleur.*
Heureux celui qui veille et qui garde ses vêtements
pour ne pas aller nu en laissant voir sa honte.)
16 *Et ils les rassemblèrent au lieu*
appelé en hébreu Harmaguédon.

17 *Le septième ange répandit sa coupe dans les airs :*
une voix forte venant du trône sortit du Temple ;
elle disait :
« *C'en est fait !* »
18 *Il y eut des éclairs, des fracas, des coups de tonnerre ;*

il y eut aussi un grand tremblement de terre :
depuis que l'homme est sur la terre,
il n'y a jamais eu pareil tremblement de terre.
19 *La grande cité se brisa en trois,*
et les cités des nations s'écroulèrent.
Et le souvenir de Babylone la Grande
fut rappelé devant Dieu
afin de lui donner à boire le vin de sa furieuse colère.
20 *Toutes les îles s'enfuirent,*
et on ne trouva plus de montagne.
21 *Des grêlons d'un poids énorme*
tombèrent du ciel sur les hommes,
qui blasphémèrent Dieu
à cause du fléau de la grêle,
car il représentait un fléau terrible.

Une liturgie céleste introduit ce nouveau septénaire, comme au chapitre 8 (v. 1 à 5). Cette fois, y participent aussi les quatre Vivants et les vingt-quatre Anciens, mentionnés aux chapitres 4 et 5. C'est dire l'ampleur cosmique de la nouvelle série, alors que les deux premières séries n'intéressaient qu'une partie de la terre. Pour le parallèle entre le septénaire des trompettes et celui des coupes, voir le tableau de la page 91. Voici maintenant les correspondances que l'on peut établir entre les plaies d'Égypte et les septénaires de l'Apocalypse.

PLAIES D'ÉGYPTE	TROMPETTES	COUPES
1) Eau → sang	n° 2	n°s 2 et 3
2) Grenouilles		n° 6
3) Moustiques		
4) Taons		
5) Peste du bétail		
6) Ulcères		n° 1
7) Grêle		n° 7
8) Sauterelles	n° 5	
9) Ténèbres	n° 4	n° 5
10) Mort des premiers-nés		

Une étude plus précise des plaies d'Égypte devrait faire entrer en ligne de compte les listes un peu différentes que l'on trouve dans les Psaumes comme le Psaume 78 (v. 43-51) et surtout l'orchestration donnée par le Livre de la Sagesse au chapitre 19. Là il apparaît que les plaies d'Égypte sont autant d'illustration de la manière dont s'exerce la Providence de Dieu qui dose les châtiments dans l'espoir de la conversion (ainsi Sg **11**, 15 ; **12**, 22).

« *Ainsi, pour nous éduquer, tu flagelles nos ennemis avec modération, afin que nous songions à ta bonté quand nous avons à juger, et que nous comptions sur ta miséricorde quand tu nous juges.* » (Sg **12**, 22.)

En même temps, ces plaies apparaissent comme le type du jugement final. Aux Israélites menacés dans leur vie (Sg **2**, 12-20), le Sage proclame le bonheur après la mort (Sg **3**, 1-6) et annonce le jugement contre les impies (**3**, 7-12), avec des développements de type apocalyptique, bien surprenants dans la littérature de Sagesse (cf. par ex. Sg **17**). On ne peut interpréter l'Apocalypse sans tenir compte de cette tradition si complexe[1].

Les sept coupes

• La plaie des ulcères (Ex **9**, 8-12) est ici dirigée contre les hommes qui portent la marque de la Bête. Une fois encore, notons l'importance donnée à ce tatouage, marque d'appartenance (**13**, 16 ; **14**, 9.11 ; **19**, 20 ; **20**, 4).

• L'eau de la mer changée en sang : dans l'Exode (**7**, 14-25), on assiste à une double présentation de cette plaie. Dans un cas (tradition jahviste en **7**, 14-18), seule l'eau du Nil est changée en sang, tandis que selon la tradition sacerdotale même l'eau des réservoirs dans toute l'Égypte subit cette transformation (Ex **7**, 19-21). Ici le fléau atteint la mer, le siège des puissances maléfiques (**13**, 1).

---

1. Pour beaucoup de rabbins, les plaies jadis déchaînées contre l'Égypte reviendraient peu avant l'aube des jours messianiques frapper le dernier empire mondial (romain) (Brütsch, p. 264).

• L'eau des fleuves et des sources changée en sang : ce nouveau fléau est une amplification du second. L'ange préposé aux eaux proclame le jugement divin : peine du talion contre ceux qui ont versé le sang des martyrs. Dans la titulature divine, Dieu est acclamé comme celui qui est et qui était, le troisième terme « *celui qui vient* » étant remplacé par « *le saint* ». C'est le signe que l'heure de la manifestation suprême est arrivée.

• La brûlure par le soleil : de même que Pharaon s'était endurci après chacune des plaies, les hommes frappés par l'ardeur du soleil refusent de comprendre l'avertissement et blasphèment. Ils participent ainsi au péché de la Bête (**13**, 1.5.6).

• La plaie des ténèbres : pour la première fois elle atteint directement le trône de la Bête. On s'étonne de la douleur intense qu'elle provoque chez les hommes. Sans doute faut-il se rappeler que, dans l'Exode (**10**, 21), c'est l'ultime plaie avant la mort des premiers-nés d'Égypte. Le Livre de la Sagesse en propose une version fantastique, avec d'horribles cauchemars pour les Égyptiens (Sg **17**).

• Assèchement de l'Euphrate : comme en **9**, 14 s'exprime ici la peur d'une grande invasion venue d'au-delà du Fleuve. Les grenouilles sont des animaux impurs selon le Lévitique (**11**, 10-12). Elles figurent ici le message de propagande qui vient de la triade satanique, le Dragon et les deux Bêtes. Le verset 14 laisse pressentir la grande invasion des peuples du Nord, annoncée déjà par Ézéchiel (**38**), et décrite dans l'Apocalypse (**20**, 7s). Le mot d'*Harmaguedon*[1] (v. 16) a toujours excité la sagacité des commentateurs, sans qu'aucune solution s'impose. L'un des plus anciens commentateurs, Hippolyte, y voit « la vallée de Josaphat », vallée du jugement selon Joël (**4**, 2.12). D'autres voient dans Har le mot hébraïque signifiant montagne, et rapprochent Maguedon de la ville de Meguiddo, près du mont Carmel, où se déroulèrent tant de combats (ainsi Za **12**, 11), mais le malheur, c'est que Meguiddo est dans la plaine ! Une explication meilleure consiste à rapprocher ce verset de ce passage où Ézéchiel parle du rassemblement des

1. On trouvera dans Brütsch un bon choix d'hypothèses !

nations « sur les montagnes d'Israël » avant l'assaut final, qui se terminera en déroute (Ez **38**, 8 ; **39**, 2.4.17). Allusion à ces mêmes chapitres plus loin en **19**, 17s et **20**, 8s.

* La troisième béatitude (**16**, 15) : elle s'insinue comme un coin dans la description de la sixième coupe et reprend les exhortations données aux églises (**3**, 3 et **18**). Ainsi est dissipée la fausse sécurité que la description des fléaux destinés aux impies pourrait faire naître chez les chrétiens. Tous doivent être vigilants s'ils ne veulent être condamnés au jour du jugement.

• Avec la septième coupe retentit le cri : « *C'en est fait !* » qui sera repris au chapitre 21 (v. 6). C'est l'accomplissement du plan de Dieu dans l'histoire (déjà en **11**, 15-18). Avec sa variété de scènes nous restons sur place, si l'on peut dire ! La Fin éclaire le présent, ce qui ne veut pas dire pour autant que nous puissions déchiffrer l'heure sur le cadran de l'horloge divine.

Le déchaînement de l'orage accompagne les grandes manifestations de Dieu (théophanies). Dans l'Apocalypse, c'est comme un refrain (**8**, 5 ; **11**, 19) qui scande le déroulement des septénaires. L'heure est venue où Dieu va se souvenir de Babylone : claire annonce des chapitres 17 et 18, tout entiers consacrés à la chute de la ville idolâtre.

LES SEPT BÉATITUDES DE L'APOCALYPSE

1, 3 : *Heureux celui qui lit, et ceux qui écoutent les paroles de la prophétie, et gardent ce qui s'y trouve écrit, car le temps est proche.*

14, 13 : *Heureux dès à présent ceux qui sont morts dans le Seigneur !*

16, 15 : *Heureux celui qui veille et garde ses vêtements, pour ne pas aller nu et laisser voir sa honte !*

19, 9 : *Heureux ceux qui sont invités au festin des noces de l'agneau !*

20, 6 : *Heureux et saints ceux qui ont part à la première résurrection. Sur eux la seconde mort n'a pas d'emprise : ils seront prêtres de Dieu et du Christ, et régneront avec lui pendant les mille ans.*
22, 7 : *Voici, je viens bientôt. Heureux celui qui garde les paroles prophétiques de ce livre !*
22, 14 : *Heureux ceux qui lavent leurs robes, afin d'avoir droit à l'arbre de vie, et d'entrer, par les portes, dans la cité !*

LE JUGEMENT DE LA GRANDE PROSTITUÉE

Le chapitre 17 constitue le pendant du chapitre 13 : la même Bête aux sept têtes et aux dix cornes figure dans les deux cas, mais au chapitre 17 apparaît un nouveau personnage, la Femme, mère des prostituées, l'antithèse de la Femme couronnée du soleil du chapitre 12 et de Jérusalem, la Fiancée de l'Agneau aux chapitres 19 à 22. Alors que le chapitre 13 nous laissait dans un certain flou sur les réalités visées, le chapitre 17 apporte une série d'identifications, les unes claires, comme les sept montagnes (les collines de Rome) du verset 9, les autres qui n'ont pas fini d'exercer la sagacité des commentateurs.

Une certaine connaissance de l'histoire du Ier siècle s'impose pour comprendre le jeu des allusions de ce chapitre[1].

LES EMPEREURS ROMAINS

• Octave Auguste	:	imperator à vie (- 29) meurt en août 14.
• Tibère	:	14-37. Ponce Pilate préfet de Judée.
• Caligula	:	37-41 : veut faire ériger sa statue au Temple de Jérusalem, meurt assassiné.
• Claude	:	41-54. Épouse Agrippine, mère de Néron.

1. Ce chapitre a excité la verve des polémistes de tous les temps. Pour les Donatistes, Tychonius et Fulgence, il s'agit de l'Église romaine. Cette interprétation sera reprise à l'encontre de la papauté par Jean Hus, Luther (*De la captivité babylonienne*), Calvin (*Institution Chrétienne*, IV, 2, 12) et bien d'autres à leur suite. De leur côté, les controversistes catholiques n'ont pas été embarrassés pour rendre aux hérétiques la monnaie de leur pièce. C'est dire combien la méthode historique s'impose, si l'on ne veut pas tomber dans les applications les plus fantaisistes.

• Néron	:	54-58. Fait empoisonner Britannicus et tuer sa mère. Été 66 : début de la Guerre Juive. Néron, destitué par le Sénat, se suicide (9 juin 68).
• Galba	:	68 : proclamé empereur par le Sénat, assassiné le 15 janvier 69. 69 : L'année des trois empereurs.
• Othon	:	désigné par le Sénat.
• Vitellius	:	commandant des légions de Germanie, se révolte, vainc le 14 avril Othon qui se tue
• Vespasien	:	69-79 : commandant des légions d'Orient en guerre contre les Juifs révoltés. Acclamé empereur par ses troupes le 1er juillet 69. Août 70 : Titus s'empare de Jérusalem.
• Titus	:	79-81 : apparition en Orient d'un faux Néron.
• Domitien	:	81-96 : favorise les provinciaux, poursuit les philosophes et sévit contre des Juifs et des chrétiens, assassiné le 16 septembre 96.
• Nerva	:	96-98.
• Trajan	:	98-117.

LE JUGEMENT DE BABYLONE

17 1 *L'un des sept anges aux sept coupes vint me parler :*
« Viens, dit-il,
je te montrerai le jugement de la grande prostituée
qui réside au bord des eaux puissantes ;
2 *les rois de la terre ont partagé sa prostitution,*
et les habitants de la terre se sont enivrés
du vin de sa prostitution. »
3 *Il me transporta en esprit au désert.*
Là, j'ai vu une femme montant une bête écarlate,
couverte de noms blasphématoires,
qui avait sept têtes et dix cornes.
4 *Cette femme était vêtue de pourpre et d'écarlate,*
et chamarrée d'or, de pierreries et de perles ;
elle avait à la main un gobelet d'or rempli d'abominations,
avec les souillures de sa prostitution.

5 *Sur son front un nom était inscrit, mystérieux :*
« Babylone la grande,
mère des prostituées et des abominations de la terre ».
6 *Et j'ai vu la femme ivre du sang des saints*
et de celui des témoins de Jésus.
En la voyant,
j'ai été saisi d'un étonnement extraordinaire.

7 *Et l'ange me dit :*
« Pourquoi es-tu étonné ?
Moi, je vais t'expliquer le mystère de la femme
et de la Bête qui la porte,
avec ses sept têtes et ses dix cornes.
8 *La Bête que tu as vue était,*
mais elle n'est plus ;
elle va monter de l'abîme pour s'en aller à la perdition.
Et les habitants de la terre
dont le nom n'est pas inscrit depuis la création du monde
dans le livre de la vie
seront étonnés en voyant la Bête,
car elle était, n'est plus, et reparaîtra.

Dans ce chapitre, Jean s'inspire de plusieurs passages de l'Ancien Testament : le chapitre 7 de Daniel et la fin du livre de Jérémie (51). Chez les prophètes d'après l'exil, Babylone représente en effet les puissances d'orgueil qui oppriment le monde et contre lesquelles s'exercera le juste jugement de Dieu. Le même symbolisme est attesté dans la première lettre de Pierre (5, 13). Dans ce contexte l'accusation de prostitution ne vise pas tant les mœurs dissolues que l'idolâtrie.

Parmi les traits qui caractérisent Babylone, les uns sont géographiques : au bord des océans (v. 1.15), sept montagnes, c'est-à-dire les sept collines de Rome (v. 9). D'autres sont d'ordre politique et économique : soumission des rois de la terre (v. 2 et 12s.18), luxe insolent de la Prostituée (v. 3-4). D'autres stigmatisent la persécutrice des témoins de Jésus (v. 6). C'est bien Rome qui est visée, avec une référence claire à la terrible persécution de Néron contre les chrétiens, accusés d'avoir incendié Rome (en 64).

L'explication donnée par l'ange rejoint les données du chapitre 13 (1-4) sur l'origine démoniaque du pouvoir de la Bête et fait allusion à la grande crise de l'année des trois empereurs : on a pu croire un moment que l'Empire disparaîtrait pour toujours. Cependant, la Bête est remontée de l'abîme pour un court laps de temps, avant son jugement définitif (v. 8).

17 9 *Ici, il faut l'intelligence éclairée par la sagesse.*
Les sept têtes sont sept collines
sur lesquelles réside la femme,
et ce sont sept rois :
10 *cinq sont tombés,*
un est là actuellement,
le dernier n'est pas encore venu,
et quand il viendra,
il faudra qu'il ne demeure que peu de temps.
11 *Et la Bête qui était et qui n'est plus,*
c'est elle qui occupe la huitième place,
mais elle fait partie des sept ;
elle s'en va à la perdition.

12 *Les dix cornes que tu as vues sont dix rois*
qui n'ont pas encore régné,
mais ils recevront le pouvoir comme rois
pendant une heure avec la Bête.
13 *Ceux-ci ont tous un dessein unique :*
donner leur puissance et leur pouvoir à la Bête.
14 *Ils feront la guerre à l'Agneau,*
et l'Agneau les vaincra
– car il est Seigneur des seigneurs et Roi des rois –
avec ses compagnons appelés, élus et fidèles. »

15 *Puis il me dit :*
« Les eaux que tu as vues,
là où réside la prostituée,
ce sont des peuples, des foules, des nations et des langues.
16 *Et les dix cornes que tu as vues*
ainsi que la Bête haïront la prostituée
et la laisseront dépouillée et nue ;
ils mangeront ses chairs et la brûleront au feu.

17 *Car Dieu leur a mis au cœur de réaliser son dessein,*
de réaliser tous un unique dessein :
remettre à la Bête leur pouvoir royal
jusqu'à ce que s'accomplissent les paroles de Dieu.
18 *La femme que tu as vue,*
c'est la grande cité qui détient le pouvoir royal
sur les rois de la terre. »

La seconde série d'explications est de beaucoup la plus énigmatique : les sept têtes de la Bête sont assimilées à sept rois (v. 9), tandis que les dix cornes représentent des rois vassaux (7, 12). Déjà, le livre de Daniel offrait des explications embrouillées sur les sept têtes et les dix cornes et une onzième (7, 8.20s). On a bien l'impression que, sur une première vision, ont été ajoutées d'autres explications pour rejoindre les développements de l'histoire[1] ! Jean se place au temps du sixième roi ; il prévoit un successeur au règne court, puis la venue d'un huitième qui sera comme l'incarnation de la féroce impiété de la Bête.

La question que se posent tous les commentateurs est de savoir quand faire commencer la liste des rois : à Auguste, le premier des empereurs, ou à Tibère, sous le règne duquel l'Agneau a remporté la victoire ? Faut-il faire entrer dans la liste les trois empereurs éphémères, Galba, Othon et Vitellius ?

Si l'on tient compte d'un procédé constant dans les apocalypses, celui de l'antédatation (cas de Daniel qui se donne comme un prophète du temps de Nabuchodonosor, cas des auteurs de Baruch syriaque et du IVe Esdras, *supra,* p. 30s), on peut dire que fictivement Jean se place au temps de Vespasien. Titus est le septième qui n'a régné que peu de temps (v. 10). Quant à Domitien, le persécuteur, c'est le digne successeur de Néron. Mais l'heure du jugement approche.

Les versets 13 à 18 ont valeur d'anticipation par rapport au chapitre 19 qui évoquera la chevauchée victorieuse du Cavalier blanc contre les armées païennes. Une autre explication est apportée aussi : la révolte des rois vassaux qui dévoreront les chairs de la Prostituée (v. 16). Violence inouïe de ces versets où l'on décèle la

1. P. Grelot, *Le Livre de Daniel* (C.E. n° 79), p. 35s.

reprise de maint oracle de l'Ancien Testament. Il faudra nous expliquer sur cette dureté après la lecture du chapitre 18, réquisitoire impitoyable contre Babylone la Grande.

LAMENTATION SUR LA CHUTE DE BABYLONE

18 1 *J'ai vu encore un ange qui descendait du ciel ;*
il avait reçu une autorité si grande
que la terre fut illuminée de sa gloire.
2 *Et il s'écria d'une voix puissante :*
« Elle est tombée, elle est tombée,
Babylone la Grande !
La voilà devenue une tanière de démons,
un repaire de tous les esprits impurs,
un repaire de tous les oiseaux impurs,
un repaire de toutes les bêtes impures et répugnantes !
Car toutes les nations
ont bu du vin de sa fureur de prostitution ;
les rois de la terre ont partagé sa prostitution,
et les marchands de la terre
se sont enrichis de la profusion de son luxe. »
4 *Puis j'ai entendu une voix venant du ciel*
qui disait :
« Sortez de la cité, vous mon peuple,
pour ne pas participer à ses péchés
et ne rien recevoir des fléaux qui la frapperont.
5 *Car ses péchés ont atteint jusqu'au ciel,*
et Dieu s'est souvenu de ses iniquités.
6 *Traitez-la comme elle vous a traités,*
rendez-lui le double de ce qu'elle a fait ;
dans la coupe qu'elle a préparée,
préparez-lui le double.
7 *Autant elle a recherché gloire et luxe,*
autant donnez-lui torture et deuil.
Car elle dit dans son cœur :
"Je trône, je suis reine,
je ne suis pas veuve,
et jamais je ne verrai le deuil."

8 *C'est pourquoi*
en un seul jour viendront pour elle ces fléaux :
mort, deuil, famine,
et elle sera brûlée au feu,
car il est puissant, le Seigneur Dieu qui l'a jugée. »
9 *Alors pleureront et se lamenteront sur elle*
les rois de la terre
qui ont partagé sa prostitution et son luxe,
quand ils verront la fumée de son incendie ;
10 *mais ils resteront à distance par peur de ses tortures,*
et ils diront :
« Malheur ! Malheur !
Grande cité,
Babylone cité puissante,
en une heure est survenu ton jugement ! »

11 *Et les marchands de la terre*
pleurent et prennent le deuil à cause d'elle,
puisque personne n'achètera plus leur cargaison :
12 *cargaison d'or, d'argent, de pierreries et de perles,*
de lin fin, de pourpre, de soie et d'écarlate ;
de toutes sortes de bois de senteur,
d'objets en ivoire, d'objets en bois précieux,
en bronze, en fer et en marbre ;
13 *cannelle, épices, parfums, essences odorantes et encens,*
vin, huile, fleur de farine et blé,
bœufs et moutons, chevaux et chars,
esclaves et marchandise humaine.
14 *« Les fruits mûrs que tu aimais tant*
sont partis loin de toi,
tout ce qui était raffiné et brillant a disparu de chez toi,
rien de tout cela ne se retrouvera plus. »
15 *Les marchands qui s'enrichissaient en lui vendant tout cela*
resteront à distance par peur de ses tortures,
pleurant et prenant le deuil ;
16 *ils diront :*
« Malheur ! Malheur !
Grande cité,
vêtue de lin fin, de pourpre et d'écarlate,
chamarrée d'or, de pierreries et de perles,
17 *en une heure elle a été dépouillée de tant de richesses. »*

Tous les capitaines de navires
et ceux qui font le cabotage,
les marins et tous les travailleurs de la mer
restaient à distance,
18 *et ils criaient en voyant la fumée de l'incendie ;*
ils disaient :
« Qu'y avait-il de comparable à cette grande cité ? »
19 *Ils se jetaient de la poussière sur la tête*
et criaient, pleurant et prenant le deuil ;
ils disaient :
« Malheur ! Malheur !
Grande cité,
par elle, grâce à son opulence,
s'enrichissaient tous ceux qui avaient des bateaux en mer,
en une heure elle a été dépouillée ! »

20 *Ciel, sois dans la joie à cause d'elle,*
ainsi que vous, les saints, les apôtres et les prophètes,
car Dieu en la jugeant vous a rendu justice.

21 *Alors un ange puissant prit une pierre*
pareille à une grande meule,
et la précipita dans la mer, en disant :
« C'est ainsi que sera précipitée avec violence
Babylone, la grande cité,
et on ne la retrouvera jamais plus.
22 *La musique des joueurs de harpes et d'autres instruments,*
des joueurs de flûte et de trompette,
chez toi ne s'entendra jamais plus.
Aucun artisan d'aucun métier
chez toi ne se trouvera jamais plus,
et le bruit de la meule
chez toi ne s'entendra jamais plus.
23 *La lumière de la lampe*
chez toi ne brillera jamais plus.
Le chant du jeune époux et de son épouse
chez toi ne s'entendra jamais plus.
Pourtant, tes marchands étaient les grands de la terre,
et tes sortilèges égaraient toutes les nations !
24 *On a trouvé dans la ville*

le sang des prophètes et des saints,
et de tous ceux qui ont été immolés sur la terre. »

Tout ce chapitre apparaît comme la grandiose orchestration de l'annonce de la chute de Babylone (v. 2). Le plan est aisé à saisir :

- message transmis par un ange (v. 1-3) ;
- invitation aux fidèles à quitter la ville pécheresse (v. 4-8) ;
- la triple lamentation des rois de la terre (v. 9s), des marchands (v. 11s), des marins (v. 17s) ;
- en conclusion, invitation à la joie (v. 20), action symbolique de l'ange qui jette une pierre en signe de la chute de la ville (d'après Jr **51**, 63s), peine du talion contre la ville sanguinaire où ne retentiront plus de chants de joie (v. 21-24).

La source principale d'inspiration est fournie par Ézéchiel dans ses multiples oracles contre Tyr (**26-28**, 19) dont le prince se considérait comme un dieu (**28**, 1). Alors que les chapitres 13 et 17 mettaient surtout en relief l'idolâtrie de la Bête, ici sont visés en premier le luxe insolent de la Ville et l'exploitation qu'elle faisait de toutes les richesses de la terre. On ne peut comprendre cette page d'une poésie sauvage qu'en se plaçant dans la mentalité de tous les opprimés de l'Empire, esclaves, petits artisans, paysans accablés de taxes. La prospérité des notables, sur lesquels s'appuyait l'administration impériale, avait pour contrepartie la misère des pauvres. C'est ainsi que l'Apocalypse exprime le terrible ressentiment des opprimés contre l'Empire. De ce point de vue, Jean se situe dans la droite ligne d'un Amos, défenseur intrépide des pauvres contre les grands de Samarie. La différence n'en est pas moins grande : Amos pouvait avoir encore quelque chance d'être entendu. Les fidèles de l'Agneau se savent, eux, hors la loi. En cette heure sombre, les oracles des prophètes d'Israël contre les puissances de proie prennent une singulière actualité. L'heure du jugement est toute proche ; il ne faut en aucune manière participer aux cérémonies du culte impérial qui signifieraient une allégeance à Satan, celui qui a donné l'investiture aux empereurs de Rome.

On peut regretter que l'Apocalypse n'invite pas à prier pour les persécuteurs (Mt **5**, 44) et les autorités de l'époque, comme y invite

Paul[1] (1 Tm 2, 2). Mais se place-t-on vraiment dans les circonstances du temps ? Il manquerait une note importante au Nouveau Testament, si nous ne pouvions y entendre la souffrance de ceux qui sont broyés par la Bête et qui, pourtant, célèbrent la victoire de l'Agneau immolé.

LA LÉGENDE DE NÉRON

Quand Néron se fut suicidé pour échapper aux poursuites du Sénat, ses partisans ne purent se faire à l'idée de sa mort. Tacite (*Histoires* II, 8) et Suétone témoignent de faux Nérons. Voici comment ce dernier historien termine sa biographie :

« *Vingt ans, après sa mort, durant mon adolescence, parut un personnage de condition mal définie, qui prétendait être Néron, et ce nom lui valut tant de faveur chez les Parthes, qu'ils le soutinrent énergiquement et nous le livrèrent à grand-peine.* » (*Vie des douze Césars*, Néron LVII.)

Une apocalypse chrétienne, insérée dans *l'Ascension d'Isaïe*, évoque en ces termes l'empereur matricide, persécuteur de l'Église.

« *À la consommation du monde descendra Béliar, le grand prince, le roi de ce monde (...) et il descendra de son firmament sous la forme d'un homme, roi d'iniquité, meurtrier de sa mère, qui lui-même est roi de ce monde. Et il persécutera la plantation qu'auront plantée les douze apôtres du Bien-Aimé des Douze, un sera livré entre ses mains (...) Il agira et parlera à l'instar du Bien-Aimé et il dira : "C'est moi qui suis le Seigneur, et avant moi, personne ne fut." Et la puissance de ses miracles sera dans chaque ville et chaque région ; et il érigera son image devant sa face dans toutes les villes. Et il dominera trois ans sept mois et vingt-sept jours. Et de beaucoup de ses fidèles et de saints ayant vu celui qu'ils espéraient, qui a été crucifié, Jésus, le Seigneur Christ (...), et de ceux aussi qui auront cru en lui (sans le voir), un petit nombre resteront*

---

1. Sur ce texte et la prière pour les rois dans I *Clément* 59-61, voir E. Cothenet, *Les Épîtres pastorales* (C.E. n° 72), p. 33s.

ses serviteurs durant ces jours, fuyant de désert en désert, dans l'attente de sa venue. » (*Ascension d'Isaïe,* IV. N. 4)[1].
Avec le temps la légende ne fera que s'amplifier. Néron de retour passera pour le précurseur de l'Antéchrist ou l'Antéchrist lui-même. Saint Augustin qui rapporte la légende la rejette expressément (*Cité de Dieu,* XX, 19, 3).

L'ANTÉCHRIST

Contrairement à l'opinion courante, le mot *antichristos* (adversaire du Christ, et non avant le Christ) ne figure pas dans l'Apocalypse, mais seulement dans les épîtres de Jean. Au point de départ, il faut rechercher les textes de l'eschatologie juive qui évoquent l'assaut suprême des ennemis contre le peuple de Dieu (ainsi Gog et Magog en Ez **38-39** et Ap **20**, 8). C'est à Jérusalem même que Yahvé exerce le jugement et établit son Règne définitif (Za **14**). Daniel fait une première application à Antiochus IV Épiphane, le roi persécuteur, type de tous les tyrans de l'avenir. Partant de la croyance en la venue de faux messies (Mt **24**, 24), Jean affirme que les antichrists sont déjà là dans la communauté chrétienne : ce sont ceux qui refusent de reconnaître que Jésus Christ est vraiment venu dans la chair (1 Jn **2**, 18.22 ; **4**, 3 ; 2 Jn **7**).
La légende de l'Antéchrist s'appuie d'abord sur un passage mystérieux de la deuxième épître à Timothée, où Paul déclare que l'heure de la parousie n'a pas encore sonné :
« *Il faut que vienne d'abord l'apostasie et que se révèle l'Homme de l'impiété, le Fils de la perdition, celui qui se dresse et s'élève contre tout ce qu'on appelle dieu ou qu'on adore, au point de s'asseoir en personne dans le temple de Dieu et de proclamer qu'il est Dieu.* » (2 Th 2, 3s.)
L'Homme de l'impiété est la réplique d'Antiochus Épiphane, comme le montre la citation de Daniel (**11**, 36). Certains commentateurs y décèlent une allusion à Caligula qui se faisait passer pour dieu et voulait faire ériger sa statue divine dans l'enceinte même du Temple de Jérusalem.

1. Traduction d'E. Tisserant.

Tout en se rattachant à ce type de spéculations, l'Apocalypse présente une vision plus complexe encore de l'assaut des forces du mal contre la Cité sainte, avec la triade diabolique : Satan, la Bête de la mer et la Bête de la terre assimilée au faux prophète (Ap **16**, 13 ; **19**, 20). Les Pères de l'Église chercheront souvent à unifier ces représentations si diverses, se rattachant et au livre de Daniel et aux textes du Nouveau Testament. Saint Irénée, en particulier, consacre un long développement à l'activité de l'Antéchrist (*Adv. Haer.* V, 25-30). Il y voit un personnage individuel, né de la tribu de Dan, qui, aux derniers temps, « récapitulera toute l'apostasie du diable » (*Adv. Haer.* V, 25). Après l'explication de son nom, il ajoute :
« *Jean a fait connaître le chiffre du nom de l'Antéchrist, afin que nous nous gardions de lui lorsqu'il viendra ; mais il a tu son nom, parce que celui-ci n'était pas digne d'être proclamé par l'Esprit Saint* ». (*Adv. Haer.* V, 30, 4.)
Après un règne de trois ans et six mois à Jérusalem, l'Antéchrist sera vaincu par le Christ qui inaugurera alors son règne de mille ans (*infra,* p. 155). Malgré les réserves de saint Augustin, les légendes ne feront que s'amplifier sur ce personnage si redouté. Dans son explication sur l'Avent, Jacques de Voragine prend bien soin de détailler les œuvres de l'Antéchrist, avant le Jugement général : ruse dans une fausse interprétation de l'Écriture, signes miraculeux, abondance de dons, supplices infligés aux adversaires.

LES NOCES DE L'AGNEAU ET DE L'ÉGLISE

À la chute de Babylone s'oppose la célébration de la nouvelle Jérusalem, Fiancée de l'Agneau. L'*Alléluia* du premier verset du chapitre 19 donne le ton. Cependant, la célébration liturgique initiale, provoquée par l'établissement du Règne de Dieu et les noces de l'Agneau, ne signifie pas que le drame soit achevé. Des péripéties nombreuses se déroulent encore sur terre, tandis que le ciel se réjouit de la victoire du Christ.

LE SCÉNARIO DU JUGEMENT

Malgré une grande complexité de contenu, on peut regrouper ensemble les chapitres 19 et 20 qui ont trait aux diverses phases du jugement, alors que la section suivante est consacrée à l'évocation de la nouvelle Jérusalem. Par l'emploi du terme scénario, nous insistons sur le caractère dramatique de cet ensemble, marqué par l'intervention de nombreux acteurs.

ALLÉLUIA AU CIEL

19 1 *Après cela, j'ai entendu dans le ciel*
comme une voix puissante,
celle d'une foule immense qui proclamait :
« Alléluia !
C'est à notre Dieu qu'appartiennent
le salut, la gloire et la puissance,
2 *car ses jugements sont vrais et justes.*
Il a jugé la grande prostituée
qui corrompait la terre par sa prostitution,
il l'a frappée pour venger le sang de ses serviteurs. »
3 *Et cette foule reprit :*

« Alléluia !
La fumée de l'incendie
s'élève pour les siècles des siècles. »
4 *Les vingt-quatre Anciens et les quatre Vivants*
tombèrent à genoux
et adorèrent le Dieu qui siège sur le trône, en disant :
« Amen ! Alléluia ! »
5 *Et du Trône venait une voix qui disait :*
« Chantez les louanges de notre Dieu,
vous tous qui le servez et le craignez,
des plus petits jusqu'aux plus grands. »
6 *Alors j'entendis comme la voix d'une foule immense,*
comme la voix des océans,
ou celle de violents coups de tonnerre.
Elle proclamait :
« Alléluia !
Le Seigneur notre Dieu a pris possession de sa royauté,
lui le Tout-Puissant.
7 *Soyons dans la joie, exultons, rendons-lui gloire,*
car voici les noces de l'Agneau.
Son épouse a revêtu ses parures,
8 *Dieu lui a donné un vêtement en fin tissu de lin,*
pur et resplendissant,
qui est la sainteté des justes. »
9 *Un ange me dit alors :*
« Écris ceci :
Heureux les invités
au repas des noces de l'Agneau ! »
Et il ajouta :
« Ce sont les paroles véritables de Dieu. »

10 *Je me jetai à ses pieds pour me prosterner devant lui.*
Il me dit :
« Ne fais surtout pas cela !
Je suis un serviteur comme toi
et tes frères qui gardent le témoignage pour Jésus.
Prosterne-toi devant Dieu !
Car c'est le témoignage de Jésus
qui inspire les prophètes. »

Par opposition aux cris de lamentation du chapitre précédent, voici que retentit pour la première fois l'*Alléluia*, avec une amplification extraordinaire de cette invitation à la louange pour le Dieu qui, enfin, intervient. Comment ne pas évoquer l'oratorio de Haendel, dont la finale traduit si bien l'allégresse de cette liturgie céleste ?

Dans ce passage, de nombreux termes relèvent du registre du pouvoir : salut, gloire et puissance (v. 2), le trône (v. 4), l'établissement du règne divin (v. 6). La liturgie se déroule selon un rituel analogue à celui du chapitre 4 avec la participation de la foule, des vingt-quatre Anciens et des quatre Vivants. Curieusement il ne sera question de l'Agneau qu'au verset 7 : pourtant n'est-il pas intronisé ? Il faut cependant que s'achève la liturgie de l'établissement du règne de Dieu pour que Jean introduise le nouveau thème : celui des noces de l'Agneau et de l'Église (v. 7 et 9), thème qui sera plus développé au long du chapitre 21.

La manière dont est décrit le vêtement de l'épouse mérite de retenir l'attention. Le lin resplendissant et pur s'oppose aux vêtements écarlates et aux bijoux de la Prostituée (**19**, 4). On y reconnaît le don de Dieu (à comparer avec **3**, 5), mais en même temps l'œuvre de l'homme : *« le lin, ce sont les œuvres justes des saints »*, ces œuvres dont parlaient les lettres aux sept Églises.

Retentit alors une nouvelle béatitude, dont la formulation évoque plusieurs paroles évangéliques (spécialement Mt **22**, 1-14). Comme les précédentes, cette béatitude confère à tout le passage un caractère d'exhortation.

Le message est si important que Jean est tenté d'adorer l'ange révélateur (v. 10, comme en **22**, 9). La mise au point s'oppose à ce « culte des anges », déjà dénoncé par Paul (Col **2**, 18). Plus important, malgré son caractère énigmatique, le dernier avertissement de l'ange : *« C'est Dieu que tu dois adorer, car le témoignage de Jésus, c'est l'esprit de la prophétie. »* Dès le début, le livre nous avait été présenté comme le témoignage de Jésus Christ (**1**, 2). Ce témoignage, relatif à la paradoxale efficacité du mystère de Pâques (**1**, 17s) et à l'imminence de sa venue, est transmis par l'Esprit qui anime les prophètes. Telle était la conclusion de chacune des lettres du Christ aux Églises : *« Celui qui a des oreilles, qu'il entende ce que l'Esprit dit aux églises. »* Il n'y a donc pas à opposer un message de l'Esprit à la parole du Christ. Comme l'explicite l'Évangile selon saint Jean, le Paraclet ne fait qu'approfondir dans le cœur des croyants la parole du Christ : *« Il ne parlera pas de son propre chef, mais il dira ce qu'il entendra et il vous communiquera tout ce qui doit venir. »* (Jn **16**, 13.)

LA CHEVAUCHÉE DU MESSIE CONTRE LA BÊTE ET SES PARTISANS

19 11 *Puis j'ai vu le ciel ouvert,*
et voici un cheval blanc ;
celui qui le monte s'appelle Fidèle et Véritable,
il juge et fait la guerre avec justice.
12 *Ses yeux sont comme une flamme ardente,*
il a plusieurs diadèmes sur la tête
et un nom écrit
que personne ne connaît sauf lui-même.
13 *Il est habillé d'un vêtement trempé de sang,*
et le nom qu'il porte est « le Verbe de Dieu ».
14 *Les armées célestes le suivaient sur des chevaux blancs,*
vêtues de lin fin blanc et pur.
15 *De sa bouche sort un glaive acéré à deux tranchants,*
pour en frapper les nations ;
il les mènera avec un sceptre de fer
et lui-même il foule le pressoir du vin
de la furieuse colère du Dieu tout-puissant ;
16 *sur son vêtement et sur sa cuisse il a un nom écrit :*
« Roi des rois et Seigneur des seigneurs ».

17 *Puis j'ai vu un ange debout dans le soleil ;*
il cria d'une voix forte
à tous les oiseaux qui volent en plein ciel :
« Venez, rassemblez-vous pour le grand repas de Dieu,
18 *pour manger la chair des rois,*
celle des chefs d'armée, celle des puissants,
celle des chevaux et de ceux qui les montent,

celle de tous les esclaves et hommes libres,
des petits et des grands. »

19 *Et j'ai vu la Bête,*
les rois de la terre, et leurs armées,
rassemblés pour faire la guerre au cavalier et à son armée.
20 *La Bête fut capturée,*
et avec elle le faux prophète,
celui qui a fait devant elle les miracles
qui ont égaré ceux qui portent la marque de la Bête,
et ceux qui se prosternent devant son image.
Tous les deux furent jetés vivants
dans l'étang de feu embrasé de soufre.
21 *Les autres furent tués par le glaive du cavalier,*
celui qui sort de sa bouche,
et tous les oiseaux se rassasièrent de leurs chairs.

Babylone n'est-elle pas tombée ? Il n'en reste pas moins à savoir ce que deviennent Satan et ses séides, les Bêtes de la mer et de la terre. Nous allons assister successivement au jugement porté contre eux, et cela dans l'ordre inverse de leur apparition. La nouvelle vision commence par une évocation radieuse qui évoque l'ouverture du premier sceau (6,2), mais se prolonge par une scène de carnage d'une violence inouïe. Comme toujours, il faut tenir compte des reprises de l'Ancien Testament pour comprendre le texte.

LE COMBAT DU *LOGOS* DE DIEU

Le nom du cavalier : *« Fidèle et véritable »* donne le sens de la scène. Il s'agit de la fidélité de Dieu à son Alliance, après un si long laps de temps où il semblait insensible au cri de détresse de ses serviteurs persécutés (6,10). Si la sobre présentation du cavalier reprend les termes de la première vision, elle s'oppose surtout à la description de la Bête et de la Femme. C'est lui le Roi des rois et le Seigneur des seigneurs, alors que la royauté de la Bête est usurpée.

Son nom : *Logos* de Dieu fait penser sans doute au début de l'Évangile selon saint Jean : *« au commencement était le Logos »*, mais se vérifie d'une tout autre manière. Il ne s'agit pas du rôle du

Verbe dans la création, mais du Verbe comme exécuteur du jugement. La meilleure préparation se trouve dans le Livre de la Sagesse. Pour rendre compte de la mort des premiers-nés d'Égypte, l'auteur met en scène le *Logos* divin :

« *Ta parole toute-puissante, quittant les cieux et le trône royal, bondit comme un guerrier impitoyable au milieu du pays maudit* » (Sg **18**, 15.)

Son manteau est trempé de sang. Si l'on tient compte d'un autre texte sous-jacent (Is **63**, 1-6), il s'agit du sang des ennemis. Le judaïsme interprétait messianiquement ce texte de la victoire du Messie par un rapprochement avec le chapitre 49 de la Genèse (v. 8-12), cette prophétie présentant le Messie davidique comme foulant son vêtement dans le sang des grappes.

Selon une autre interprétation, le texte fait allusion au propre sang du Christ. Citons Origène :

« *Il n'est pas nu, le Verbe de Dieu que Jean voit à cheval : il est recouvert d'un manteau aspergé de sang, puisque le Verbe fait chair, mort parce qu'il s'est fait chair, de sorte que son sang se répandit sur la terre lorsque le soldat perça son côté* (Jn **19**, 34), *reste enveloppé des marques de sa passion. Car, si nous arrivons un jour à la plus élevée et à la plus sublime contemplation du Verbe et de la Vérité, nous n'oublierons sans doute pas entièrement que nous y avons été introduits par sa venue dans notre corps.* » (Commentaire sur Jean[1] II, 61.)

Belle interprétation, vraie sur le plan théologique, mais peu en harmonie avec ce texte d'une rare violence. Le *Logos* est accompagné dans sa chevauchée victorieuse par les armées angéliques pour exécuter le jugement. Pour évoquer la curée, Jean s'inspire du passage d'Ézéchiel sur Gog et Magog (Ez **39**, 17-20), texte à nouveau évoqué au chapitre 20 de l'Apocalypse (v. 6). Nouvelle illustration du fait que ces visions successives sur le jugement ne sont pas à interpréter sur le plan chronologique ; ce sont autant de variations sur le même thème avec une orchestration prise dans le vaste répertoire de l'Ancien Testament.

1. Traduction de C. Blanc (*Sources Chrétiennes n° 120*).

De telles visions de combat et d'extermination ont, hélas ! servi de justification pour les « fanatiques de l'Apocalypse[1] » qui, au cours des âges, se sont assignés la mission d'exercer la vengeance divine pour hâter la venue de la Jérusalem céleste. C'était oublier le message de non-violence donné au chapitre 13 (v. 10).

LES MILLE ANS DE RÈGNE

20 1 *Alors j'ai vu un ange qui descendait du ciel ;*
il tenait à la main la clé de l'abîme
et une énorme chaîne.
2 *Il s'empara du Dragon, le serpent des origines*
– c'est-à-dire le Démon ou Satan –
et il l'enchaîna pour une durée de mille ans.
Il le précipita dans l'abîme,
3 *qu'il referma sur lui ;*
puis il mit les scellés
pour l'empêcher d'égarer les nations
jusqu'à ce que les mille ans soient écoulés.
Après cela, il faut qu'il soit relâché
pour un peu de temps.
4 *Puis j'ai vu des trônes,*
et ceux qui vinrent y siéger
reçurent le pouvoir de juger.
J'ai encore vu les âmes
de ceux qui ont été décapités
à cause du témoignage pour Jésus,
et à cause de la parole de Dieu,
eux qui n'ont pas adoré la Bête et son image,
et qui n'ont pas reçu sa marque sur le front ou sur la main.
Ils revinrent à la vie,
et ils régnèrent avec le Christ pendant mille ans.
5 *Le reste des morts ne revint pas à la vie*
jusqu'à ce que les mille ans soient écoulés.
C'est la première résurrection.

1. N. Cohn, *Les fanatiques de l'Apocalypse* (Trad. franç.), 2e éd., Payot, 1983.

6 *Heureux et saint,*
celui qui a part à la première résurrection !
Sur ceux-là, la seconde mort n'a pas de pouvoir,
mais ils seront prêtres de Dieu et du Christ,
et ils régneront avec lui pendant les mille ans.

Ce bref passage constitue l'un des points les plus controversés de l'Apocalypse, et cela dès l'antiquité chrétienne, l'un de ceux qui ont le plus excité les imaginations. Aujourd'hui encore de nombreux groupes chrétiens s'en réclament : Témoins de Jéhovah, Adventistes...

Une saine méthode de lecture demande d'abord de ne pas majorer l'importance du texte : quelques versets pour un ensemble de 22 chapitres ! Surtout il faut être très attentif à la construction littéraire et bien relever les textes de l'Ancien Testament dont Jean s'inspire pour évoquer le jugement, sans oublier les représentations qui avaient cours dans le judaïsme du temps (Baruch syriaque et IVe Esdras, *supra,* p. 30).

Schéma du drame

TERRE :	Le Dragon enchaîné pour 1 000 ans, puis libéré (v. 1-3)
CIEL :	Jugement en faveur des martyrs qui règnent 1 000 ans (v. 4-6)
TERRE :	Satan provoque l'offensive de Gog et Magog ; enfermé pour toujours (v. 7-10)
CIEL :	Jugement général (v. 11-15)

D'un point de vue narratif, le verset 7 constitue la suite du verset 3, ce qui nous montre la valeur d'intermède que joue la section des versets 4 à 6, selon un procédé analogue à celui du chapitre 12 (v. 7-12).

Le nombre de 1 000 est symbolique. Selon le Psaume 90 (v. 4) mille ans sont comme un jour pour le Seigneur. Par ailleurs, la réflexion juive s'était portée sur l'affirmation de la Genèse selon laquelle Adam mourrait le jour où il avait péché (Gn 2, 17) ; puisqu'Adam avait vécu 930 ans (Gn 5, 5), cela renforçait l'idée d'un jour de mille ans. De là naquirent toutes sortes de spéculations sur la semaine cosmique, avec les six millénaires de labeur et le repos sabbatique du septième jour (*millenium*).

Pour en revenir à notre texte, l'enfermement de Satan dans l'abîme correspond à sa défaite, célébrée au chapitre 12 (v. 7), au moment de l'intronisation céleste du Christ. Comment dire alors que Satan est lié et ne peut plus séduire les nations jusqu'au jour où il sera relâché à nouveau, selon une curieuse nécessité (v. 3b) ? On pense à la menace d'un retour offensif de l'esprit impur, contre lequel Jésus met en garde après un exorcisme (Mt **12**, 43-45). Comme souvent dans l'Apocalypse, alternent visions de protection et annonces de persécution (voir le commentaire sur la vision des deux témoins, p. 96).

OÙ S'EXERCE LE RÈGNE DE 1 000 ANS ?

Notons d'abord que le passage ne parle pas d'un règne sur terre, comme le comprennent bien des commentateurs en se basant sur le verset 10 du chapitre 5. Bien des indices montrent au contraire que la vision se déroule au ciel, comme le visualise notre tableau. L'opposition entre scènes du ciel et de la terre est une constante de l'Apocalypse. Dans la suite de la vision de Daniel (7, 9) les trônes du verset 4 sont dressés au ciel. Les confesseurs de la foi du verset 4 sont les mêmes que ceux qui ont franchi la mer de cristal mêlée de feu et se tiennent devant le trône de l'Agneau (**15**, 2sv). Il faut donc conclure que la vision sur le règne de 1 000 ans est parallèle et complémentaire des visions consolantes des chapitres **7**, **14** (v. 1-5), **15** (v. 2-4). La promesse faite au vainqueur en **3**, 21 s'accomplit.

Plutôt que de traduire avec la Traduction pour la Liturgie : *« Ceux qui vinrent y siéger, reçurent le pouvoir de juger »*, il semble préférable de comprendre : *« la sentence fut prononcée en leur faveur »*, en mot à mot *« pour eux »*, à savoir les martyrs. Les termes rappellent ceux du verset 9 du chapitre 6, mais avec une précision, inspirée des chapitres 13 et suivants : ils n'ont pas adoré la Bête. Si le texte parle plus loin d'une seconde mort (v. 6.14 ; **21**, 8), il ne sera jamais question d'une seconde résurrection. Il s'agit donc d'une anticipation du bonheur pour les confesseurs de la foi.

Leur récompense, c'est de régner avec le Christ et d'exercer la fonction de prêtres, comme il avait déjà été dit au verset 10 du chapitre 5 ; ils chantent le cantique de Moïse et de l'Agneau (15, 3s). Cette exaltation de leur rôle actuel prélude au culte rendu aux martyrs dès le deuxième siècle, comme on le voit notamment par le récit du martyre de Polycarpe, évêque de Smyrne[1].

Prédiction d'un temps de prospérité pour l'Église ? Nombre de commentateurs ont cherché une application historique. Après la période des grandes persécutions, Satan est bouclé : c'est le temps de la paix de l'Église, inauguré par l'édit de Milan (313) ! Mais après une longue période de tranquillité viendra la dernière offensive de Satan. Cette exégèse se nourrit souvent de représentations imaginaires sur la perfection des temps de chrétienté ! L'historien véritable doit bien reconnaître qu'en toute époque de l'histoire de l'Église, Satan a semé l'ivraie dans le champ, comme l'a si souvent répété saint Augustin ! L'Apocalypse ne se place pas sur le plan de la chronologie, n'esquisse aucune vue précise sur l'avenir, mais de bout en bout nous fait prendre conscience du drame spirituel qui se joue, en chacun des croyants, dans les églises (Ap 2-3), dans le monde, et exhorte au courage spirituel dans la foi en la présence cachée, mais bien réelle, de l'Agneau immolé.

L'invasion de Gog et Magog

20 7 *Et quand les mille ans seront écoulés,*
Satan sera relâché de sa prison,
8 *il sortira pour égarer les nations*
qui sont aux quatre coins de la terre,
Gog et Magog,
afin de les rassembler pour la guerre ;
ils seront aussi nombreux que le sable de la mer.

9 *Ils montèrent sur toute l'étendue de la terre,*
ils encerclèrent le camp des saints

1. A. Vanhoye, *Prêtres anciens, prêtre nouveau selon le Nouveau Testament* (coll. Parole de Dieu), Paris, Seuil, 1980, p. 330-338.

et la Cité bien-aimée,
mais un feu descendit du ciel et les dévora.
10 *Et le démon qui les égarait*
fut jeté dans l'étang de feu et de soufre,
où sont aussi la Bête et le faux prophète ;
ils y seront torturés jour et nuit
pour les siècles des siècles.

Ézéchiel (38-39) est à nouveau mis à contribution avec la description fantastique de l'invasion de Gog, roi de Magog. Selon la tradition juive, il sera vaincu par le Messie. Dans l'Apocalypse Satan mène une fois encore le jeu et provoque une coalition universelle contre la Cité bien-aimée. L'écrasement est total et cette fois le Diable va rejoindre dans l'étang de feu ses auxiliaires déjà vaincus, la Bête et le faux prophète.

Le jugement universel

20 11 *Puis j'ai vu un grand trône blanc,*
et celui qui siégeait sur ce trône.
Devant sa face, le ciel et la terre s'enfuirent
sans laisser de trace.
12 *J'ai vu aussi les morts, les grands et les petits,*
debout devant le trône.
On ouvrit des livres, puis encore un autre livre,
le livre de la vie.
Les morts furent jugés selon ce qu'ils avaient fait,
d'après ce qui était écrit dans les livres.
13 *La mer rendit les morts qu'elle contenait ;*
la Mort et le séjour des morts
rendirent aussi ceux qu'ils retenaient chez eux,
et chacun fut jugé selon ce qu'il avait fait.

14 *Puis la Mort et le séjour des morts*
furent précipités dans un étang de feu
(cet étang de feu, c'est la seconde mort).
15 *Et tous ceux qu'on ne trouva pas inscrits*
sur le livre de la vie
furent précipités dans l'étang de feu.

Pour cette nouvelle scène de jugement, il n'est question que d'un seul trône où siège le Tout-Puissant. Une série d'expressions manifestent le caractère universel du jugement : même la mer rend les corps des défunts. Chacun sera jugé selon ses œuvres, comme il est souvent dit dans la Bible (ainsi Mt **16**, 27 ; 2 Co **5**, 10). L'entrée dans le bonheur céleste n'en est pas moins don gratuit, nous dira la finale : recevoir l'eau vive gratuitement (**22**, 17). Grâce de Dieu et coopération libre de l'homme ne s'excluent pas !

L'INTERPRÉTATION DU MILLÉNARISME CHEZ LES PÈRES DE L'ÉGLISE

La plupart des auteurs du deuxième siècle ont interprété le règne de mille ans comme un règne terrestre. Ainsi Justin :

« *Pour moi et les chrétiens d'orthodoxie intégrale, tant qu'ils sont, nous savons qu'une résurrection de la chair arrivera pendant mille ans dans Jérusalem rebâtie, décorée et agrandie, comme les prophètes Ézéchiel, Isaïe et les autres l'affirment* » (*Dialogue* 80, 5.)

Par là, Justin s'oppose aux gnostiques qui niaient la résurrection des corps. Montan (*infra*, p. 168, n.1) admettait aussi un règne terrestre qui se manifesterait sous peu. Il est plus étonnant pour nous de constater qu'Irénée défend également le millénarisme, tout comme il conçoit de façon très littérale l'intervention de l'Antéchrist (*supra*, p. 152). Ce qui importe, c'est de voir les raisons qui le conduisent à ces développements. D'abord Irénée évoque les traditions des presbytres, comme Papias, dont il cite les dires étonnants sur la fertilité de la terre en ce temps-là (*Adv. Haer. V*, 33, 3, texte à comparer avec Baruch syniaque. XXIX, cité *supra*, p. 30). Surtout, c'est la polémique contre les gnostiques qui amènent Irénée à reprendre les promesses de l'Ancien Testament et à développer ses vues sur le salut de l'homme en son entier, mais de façon progressive :

« *Les justes doivent d'abord, dans ce monde rénové, après être ressuscités à la suite de l'apparition du Seigneur, recevoir l'héritage promis par Dieu aux pères et y régner ; ensuite seulement, aura lieu le jugement de tous les hommes. Il est juste, en effet, que dans ce monde même où ils ont peiné et ont été éprouvés de toutes manières par la patience, ils recueillent le fruit de cette patience ; que dans le monde où ils ont été mis à mort, à cause de leur amour pour Dieu, ils retrouvent la vie...* » (*Adv. Haer.* V, 32.)

À une conception trop matérielle du bonheur s'opposèrent les chrétiens pénétrés de culture grecque. De là la suspicion qui pesa sur l'Apocalypse de Jean, comme nous l'avons déjà relevé à propos de Denys, évêque d'Alexandrie. Eusèbe de Césarée, dans son enquête sur le Canon des Écritures, partage les mêmes doutes.

L'Occident ne douta jamais de la canonicité de l'Apocalypse. Saint Augustin accepta d'abord l'interprétation millénariste. Mais, dans *la Cité de Dieu*, il imprima à l'exégèse occidentale une réorientation décisive :

« *Si donc le diable a été enchaîné et enfermé* (Ap **20**, 1-3), *c'est bien pour ne plus fourvoyer désormais les nations qui constituent l'Église et qu'il tenait éloignées avant qu'elles ne fussent l'Église...* » (*Cité de Dieu* XX, 7, 3.)

« *Ainsi donc, en tout ce temps qu'embrasse ce livre, soit du premier avènement du Christ jusqu'à la fin du siècle, qui sera son second avènement, le diable est enchaîné* » (XX, 8, 1.)

S'inspirant alors de la parabole du blé et de l'ivraie (Mt **13**, 24-30), Augustin distingue la situation présente de l'Église où l'ivraie croît côte à côte avec le blé, et la société des saints au ciel qui n'en sont pas moins unis aux fidèles de la terre.

« *Les âmes des justes à la mort ne sont pas séparées de l'Église qui dès maintenant est le royaume du Christ* » (XX, 9, 2.)

En raison de Ap **20**, 7s, l'évêque d'Hippone s'attend à un dernier assaut de Satan, pendant les trois ans et demi de la persécution menée par l'Antéchrist, avant le jugement dernier. Il manquait à saint Augustin une étude assez attentive des sources de l'Apocalypse et de la structure du Livre pour échapper complètement au piège d'une lecture de type chronologique.

La Jérusalem nouvelle, Épouse de l'Agneau

Le drame de l'Apocalypse se termine par une grandiose évocation de la Jérusalem céleste qui descend du ciel comme Épouse de l'Agneau. Dans ce texte grandiose où convergent tant de lignes d'espérance éparses dans l'Ancien Testament, on distingue trois tableaux :

- La Jérusalem nouvelle, Épouse de l'Agneau (**21**, 1-8) ;
- La description de la Ville-lumière (**21**, 9-27) ;
- Le jardin paradisiaque (**22**, 1-5).

Les deux premières sections se terminent par une exhortation qui oppose le sort des vainqueurs à celui des menteurs (**21**, 7-8 et 27). Les répétitions ne manquent pas dans ces derniers chapitres, d'où l'hypothèse de deux documents combinés ensemble. Mais on peut comprendre aussi ces redites comme la volonté de Jean de bien inculquer en finale les leçons et avertissements qui lui semblent les plus importants. Si l'on est attentif au temps des verbes, on relève une curieuse alternance entre le futur (ainsi **21**, 3-4, 6b-8.24-27 ; **22**, 3-5) et le présent, la Cité existant déjà (ainsi **21**, 1-2.5-6a.9-23 ; **22**, 1-2). Nous aurons à rendre compte de cette alternance, trop régulière pour ne pas être intentionnelle[1].

La Jérusalem nouvelle

21 1 *Alors j'ai vu un ciel nouveau et une terre nouvelle,*
car le premier ciel et la première terre avaient disparu,
et il n'y avait plus de mer.
2 *Et j'ai vu descendre du ciel, d'auprès de Dieu,*
la cité sainte, la Jérusalem nouvelle,
toute prête, comme une fiancée parée pour son époux.
3 *Et j'ai entendu la voix puissante*
qui venait du Trône divin ;
elle disait :
« Voici la demeure de Dieu avec les hommes ;
il demeurera avec eux,
et ils seront son peuple,
Dieu lui-même sera avec eux.
4 *Il essuiera toute larme de leurs yeux,*
et la mort n'existera plus ;

1. Sur ces chapitres, excellente présentation d'E. Cuvillier, *« Le discours sur l'avenir en Apocalypse »* (*21, 1-22, 5*), en *Graphè* n° 1, p. 51-65.

et il n'y aura plus de pleurs, de cris, ni de tristesse ;
car la première création aura disparu. »

5 *Alors celui qui siégeait sur le Trône déclara :*
« Voici que je fais toutes choses nouvelles.
Écris ces paroles :
elles sont dignes de foi et véridiques. »
6 *Puis il ajouta :*
« Tout est réalisé désormais.
Je suis l'alpha et l'oméga,
le commencement et la fin.
Moi, je donnerai gratuitement
à celui qui a soif
l'eau de la source de vie :
7 *tel sera l'héritage réservé au vainqueur ;*
je serai son Dieu,
et il sera mon fils. »
8 *Mais les lâches,*
les incrédules, les abominables, les meurtriers,
les débauchés, les sorciers, les idolâtres
et tous les menteurs,
leur place est dans l'étang embrasé de feu et de soufre,
qui est la seconde mort. »

Le début du texte s'inspire de nombreux passages de l'Ancien Testament, d'abord Isaïe (65, 17 et 66, 22) qui évoque le ciel nouveau et la terre nouvelle. Il est orchestré un peu plus loin par la citation explicite d'Isaïe : *« Voici que je fais toutes choses nouvelles. »* (43, 19.) Séjour des forces du chaos, la mer a disparu. Le thème de la nouveauté évoque pour un lecteur chrétien *« la nouvelle Alliance »*.

La représentation de la Jérusalem céleste a de solides attaches dans le judaïsme, depuis les visions d'Ézéchiel (40-48). La bibliothèque de Qumrân nous a livré quelque extraits d'un écrit consacré à la Nouvelle Jérusalem. C'est surtout dans les apocalypses juives, écrites après 70 (Baruch syriaque et IVe Esdras) que l'évocation prend de l'ampleur pour consoler les lecteurs de la ruine de la première Jérusalem. Une citation suffira pour montrer l'actualité du genre :

« *Ce n'est pas cette construction édifiée maintenant parmi vous qui sera révélée près de moi, mais celle qui a été préparée ici d'avance, au temps où j'ai décidé de faire le paradis. Je l'ai montrée à Adam avant qu'il ne péchât. Quand il eut enfreint l'ordre, elle lui fut enlevée avec le paradis. Ensuite je la montrai à mon serviteur Abraham...* » (Baruch syriaque IV, 3-5.)

Parce qu'elle descend du ciel, Jérusalem apparaît comme l'antithèse de Babel, la cité que les hommes veulent construire pour atteindre le ciel par leurs propres forces. À l'orgueil titanesque s'oppose la plénitude de la grâce. L'originalité de Jean consiste à avoir établi une relation si étroite entre le Messie et la Ville Nouvelle qu'il fait de celle-ci la fiancée de l'Agneau[1].

À la suite d'Osée, les prophètes avaient comparé l'Alliance à un mariage entre Dieu et Israël. Le thème est ici transposé : c'est l'Agneau qui est l'époux. Ainsi se réalise le projet de Dieu : demeurer au milieu des hommes. L'emploi du terme *skènè* (tente) au verset 3 évoque la Tente de réunion dressée par Moïse pour y abriter l'Arche d'Alliance, mais maintenant Dieu se fait connaître à découvert, car toute la cité est devenue temple, avec l'Agneau pour flambeau (v. 23). À la formule traditionnelle : « *ils seront son peuple* », Jean substitue le pluriel : « *ses peuples* ». Signe d'universalisme, d'unité dans la diversité réconciliée. En même temps, apparaît bien le caractère personnel du bonheur promis : chacun des vainqueurs, Dieu le considère comme son fils (v. 7).

La longue liste des exclus (v. 8) culmine par la condamnation des menteurs (reprise en 22, 15), à savoir ceux qui ont proclamé : « *Qui est comparable à la Bête ?* » (13, 4.)

1. Se présentant comme le porte-parole du Paraclet, Montan annonça vers 170 l'imminence du retour du Christ et la descente de Jérusalem à Pepuze, bourgade de Phrygie, sa province natale. Assisté des prophétesses Prisca et Maximilia, Montan connut un grand succès et provoqua en retour une vive réaction, comme le montrent les écrits antimontanistes cités par Eusèbe (*Hist. Eccl.* V, 14-18). Séduit par l'ascétisme rigide du mouvement, Tertullien deviendra montaniste.

DESCRIPTION DE L'ÉPOUSE, VILLE-LUMIÈRE

21 9 *Alors arriva l'un des sept anges*
qui détiennent les sept coupes remplies
des sept dernières plaies,
et il me parla ainsi :
« Viens, je te montrerai la Fiancée,
l'épouse de l'Agneau. »
10 *Il m'entraîna par l'esprit*
sur une grande et haute montagne ;
il me montra la cité sainte, Jérusalem,
qui descendait du ciel, d'auprès de Dieu.
11 *Elle resplendissait de la gloire de Dieu,*
elle avait l'éclat d'une pierre très précieuse,
comme le jaspe cristallin.
12 *Elle avait une grande et haute muraille,*
avec douze portes gardées par douze anges ;
des noms y étaient inscrits :
ceux des douze tribus des fils d'Israël.
13 *Il y avait trois portes à l'orient,*
trois au nord,
trois au midi,
et trois à l'occident.
14 *La muraille de la cité reposait sur douze fondations*
portant les noms des douze Apôtres de l'Agneau.

15 *Celui qui parlait avec moi avait un roseau d'or*
pour mesurer la cité, ses portes, et sa muraille.
16 *La cité est disposée en carré :*
sa longueur est égale à sa largeur.
Il mesura la cité avec le roseau :
douze mille stades ;
sa longueur, sa largeur et sa hauteur sont égales.
17 *Puis il mesura sa muraille :*
cent quarante-quatre coudées,
suivant les mesures communes des hommes
qu'employait l'ange.
18 *Le matériau de la muraille était du jaspe,*
et la cité était en or pur
semblable à du cristal pur.
19 *Les assises de la muraille de la cité*

étaient ornées de toutes sortes de pierreries.
La première assise était de jaspe,
la deuxième de saphir,
la troisième de calcédoine,
la quatrième d'émeraude,
20 *la cinquième de sardoine,*
la sixième de cornaline,
la septième de chrysolithe,
la huitième de béryl,
la neuvième de topaze,
la dixième de chrysoprase,
la onzième d'hyacinthe,
la douzième d'améthyste.
21 *Les douze portes étaient douze perles,*
chaque porte faite d'une seule perle,
et la place de la cité était d'or pur
comme du cristal transparent.

22 *Dans la cité, je n'ai pas vu de temple,*
car son Temple,
c'est le Seigneur, le Dieu tout-puissant,
et l'Agneau.
23 *La cité n'a pas besoin de la lumière du soleil ni de la lune,*
car la gloire de Dieu l'illumine,
et sa source de lumière, c'est l'Agneau.
24 *Les nations marcheront à sa lumière,*
et les rois de la terre apporteront ce qui leur fait gloire.
25 *Les portes ne se fermeront pas tant qu'il fera jour ;*
or il n'y fera plus jamais nuit.
26 *On apportera dans la cité*
ce qui fait la gloire et le prestige des nations.
27 *Il n'y entrera jamais rien de souillé,*
ni personne qui commette abomination ou mensonge,
mais seulement ceux qui sont inscrits
dans le livre de vie de l'Agneau.

On peut dire que toute la description est centrée sur le thème de la lumière. S'inspirant d'Isaïe (**60**, 1-2 et voir déjà Ap **12**. 1), Jean déclare : « *Elle brillait de la gloire même de Dieu.* », c'est-à-dire du rayonnement de sa sainteté et de sa bonté. En demeurant dans la Ville nouvelle (**21**, 3), Dieu lui communique sa sainteté, une sainteté rayonnante, comme l'exprime la comparaison avec les pierres précieuses qui semblent habitées par la lumière et l'irradient dans tous les sens.

Le thème des pierres précieuses comme matériau de construction se trouve déjà en Isaïe :

« *Humiliée, ballottée, privée de réconfort, voici que moi je mettrai un cerne de fard autour de tes pierres, je te fonderai sur des saphirs, je ferai tes créneaux en rubis, tes portes en pierres étincelantes, et tout ton pourtour en pierres ornementales* » (Is **54**, 11s)[1].

Malgré des variantes de détail, la liste des douze pierres données aux versets 10 à 12 évoque les pierres gravées au nom des douze tribus d'Israël que le grand-prêtre portait sur la poitrine (Ex **28**, 17s). C'est ainsi que la cité-épouse bénéficie des prérogatives du grand-prêtre. Chacun des fidèles est admis à contempler le visage de Dieu et à porter son nom sur le front (Ap **22**, 4), comme le grand-prêtre portait la lame d'or gravée du nom divin quand il pénétrait dans le Saint des Saints (Ex **28**, 28-30.36-38). Maintenant il n'y a plus de temple, car toute la cité est remplie de la présence de Dieu et de l'Agneau (**21**, 22).

Le sanctuaire futur se présentait selon Ézéchiel (**42**, 17) comme un carré de cinq cents coudées, au milieu duquel s'élevait le Temple proprement dit. La nouvelle Jérusalem prend des proportions fantastiques : douze mille stades (**21**, 16), soit 2 200 km ! La hauteur est identique à la longueur et à la largeur (v. 16) : quel cube fantastique ! Si l'on tient compte de la valeur symbolique du cercle (ciel) et du carré (terre), on dira que la Nouvelle Jérusalem, c'est « *la terre dans le ciel*[2] ».

---

1. On trouve à Qumrân une interprétation allégorique de ce texte : « Je ferai tes fondations avec des saphirs. Ceci s'interprète du fait que les prêtres et le peuple ont fondé le Conseil de la Communauté... la congrégation de Son élu, comme une pierre de saphir au milieu des peuples. » Les créneaux sont interprétés des douze (texte mutilé, sans doute les chefs des prêtres) illuminants grâce au jugement par les Urîm et les Tummîm (sorts sacrés) (4 Q Pesher Isaïe d. Trad. de J. Carmignac).
2. *Dictionnaire des Symboles* (éd. J. Chevalier, A. Gheerbrant), n. éd., Paris, R. Laffont/Jupiter, 1982, art. Jérusalem, p. 537.

Ciel et terre sont ainsi associés : les anges des douze tribus d'Israël veillent aux portes (**21**, 12), alors que les noms des douze apôtres de l'Agneau sont gravés sur les remparts (v. 14). Dans sa comparaison de l'Église avec le temple, Paul dira que l'Église repose sur le fondement des apôtres et des prophètes (Ep **2**, 20).

Dans la description de la ville on note un double caractère : sécurité et ouverture. Pour assurer la sécurité de ses habitants, une ville ne doit-elle pas être protégée par des remparts ? Pourtant les portes en sont toujours ouvertes, pour que les nations puissent y affluer et apporter leurs présents (d'après Is **60**). S'agit-il seulement d'une vision future ou, selon l'alternance des temps notée précédemment, n'est-ce pas l'invitation aux fidèles à être maintenant témoins de l'Agneau et de répercuter aux peuples l'Évangile éternel (**14**, 6) ?

LE JARDIN PARADISIAQUE

22 1 *Puis l'ange me montra l'eau de la vie :*
un fleuve resplendissant comme du cristal,
qui jaillit du trône de Dieu et de l'Agneau.
2 *Au milieu de la place de la ville,*
entre les deux bras du fleuve,
il y a un arbre de vie qui donne son fruit douze fois :
chaque fois il produit son fruit ;
et les feuilles de cet arbre
sont un remède pour les nations païennes.

3 *Il n'y aura plus aucune malédiction.*
Le trône de Dieu et de l'Agneau sera dans la ville,
et les serviteurs de Dieu lui rendront un culte ;
4 *ils verront son visage, et son nom sera écrit sur leur front.*
5 *La nuit n'existera plus,*
ils n'auront plus besoin de la lumière d'une lampe
ni de la lumière du soleil,
parce que le Seigneur Dieu les illuminera,
et ils régneront pour les siècles des siècles.

La surimpression des images dépasse toute possibilité de représentation adéquate. L'Épouse de l'Agneau n'est pas seulement

Cité-Temple ; elle est le paradis des origines, transfiguré. S'inspirant de Genèse 2 et d'Ézéchiel 47, Jean voit jaillir le fleuve d'eau vive[1] qui se partage en deux bras pour traverser la ville où pousse l'arbre de vie. Tandis qu'Ézéchiel n'envisageait l'avenir que pour les fils d'Israël, Jean manifeste son universalisme en déclarant que les feuilles de l'arbre guériront les nations (v. 2). Au rythme ancien des saisons succède le Jour perpétuel du Règne de Dieu (Za **14**, 7-9).

Pour évoquer ce qui est radicalement au-delà de toute représentation (1 Co **2**, 9), Jean recourt ainsi à des symboles qui se réfèrent à des expériences fondamentales de l'existence humaine : les épousailles donnent à ce tableau d'avenir une chaleur de fidélité et d'intimité qui contribue du même coup à valoriser l'expérience de l'amour conjugal, puisqu'il est digne de symboliser l'amour du Christ pour son Église[2] (Ep **5**, 21-33). Alors que, issue d'un milieu nomade puis paysan, la Bible retentit de multiples condamnations contre les villes de luxe et d'orgueil, il est heureux que l'expérience de la civilisation urbaine se trouve réhabilitée dans cette évocation de la Jérusalem future[3]. Ce qui domine sans doute, c'est l'expérience de la liturgie avec la rencontre communautaire du Dieu qui veut planter sa tente parmi son peuple. Un thème enfin qui rejoint les aspirations écologistes de notre temps : la Cité jardin, nouvel Éden. Mais il ne s'agit pas de la simple nostalgie d'un retour aux origines. Par opposition à toutes les rêveries sur l'âge d'or, Jean nous fait prendre au sérieux le poids de l'histoire, toute l'âpreté du drame ; il les éclaire par cette certitude que l'amour du Christ (**1**, 5) triomphera de tous les obstacles et apportera plénitude de vie à tous ceux qui ont soif du Dieu vivant (**21**, 6 et **22**, 17).

---

1. Symbole de l'Esprit, le fleuve d'eau vive jaillit du trône de Dieu et de l'Agneau : cette description est à mettre en relation avec la promesse des eaux vives qui jailliront du côté du Christ (Jn **7**, 37s) et avec le développement sur la relation entre l'Esprit Paraclet et le Fils, lui-même révélateur du Père (Jn **16**, 12-15).
2. E. Cothenet, *Exégèse et Liturgie*, p. 237-261.
3. « Ainsi Dieu exauce dans la Jérusalem céleste ce qui a été le projet de l'homme, ce qui a été sa patiente recherche au travers de toutes les civilisations, ce qui a été son espérance et son attente. » (J. Ellul, *L'Apocalypse, architecture en mouvement*, p. 237).

ÉPILOGUE : LITURGIE DE CONCLUSION

22 6 *Puis l'ange me dit :*
« Ces paroles sont sûres et vraies :
le Seigneur, le Dieu qui inspire les prophètes
a envoyé son ange
pour montrer à ses serviteurs ce qui doit arriver bientôt.
7 *Voici que je viens sans tarder.*
Heureux celui qui garde les paroles
de la prophétie écrite dans ce livre. »

8 *C'est moi Jean qui entendais et qui voyais ces choses.*
Et les ayant entendues et vues,
je me jetai aux pieds de l'ange qui me montrait cela,
pour me prosterner devant lui.
9 *Il me dit :*
« Ne fais surtout pas cela !
Je suis un serviteur comme toi et tes frères,
les prophètes et ceux qui gardent les paroles de ce livre.
Prosterne-toi devant Dieu ! »
10 *Puis il me dit :*
« Ne garde pas sous le sceau du secret
les paroles de ce livre de prophétie,
car le temps est proche.
11 *Que celui qui fait le mal continue à faire le mal,*
et que l'homme souillé continue à se souiller ;
que le juste continue à pratiquer la justice,
et que le saint continue à se sanctifier.
12 *Voici que je viens sans tarder,*
et j'apporte avec moi le salaire
que je vais donner à chacun selon ce qu'il aura fait.
13 *Je suis l'alpha et l'oméga, le premier et le dernier,*
le commencement et la fin.
14 *Heureux ceux qui lavent leurs vêtements*
pour avoir droit aux fruits de l'arbre de vie,
et pouvoir franchir les portes de la cité.

15 *Dehors les chiens, les sorciers,*
les débauchés, les meurtriers, les idolâtres,
et tous ceux qui aiment et pratiquent le mensonge !

16 *Moi, Jésus, j'ai envoyé mon ange*
vous apporter ce témoignage au sujet des Églises.
Je suis le descendant, le rejeton de David,
l'étoile resplendissante du matin. »

17 *L'Esprit et l'Épouse disent :*
« Viens ! »
Celui qui entend, qu'il dise aussi :
« Viens ! »
Celui qui a soif, qu'il approche.
Celui qui le désire, qu'il boive l'eau de la vie, gratuitement.

18 *Et moi, je témoigne*
devant tout homme qui écoute les paroles de la prophétie
écrite dans ce livre :
si quelqu'un inflige une addition à ce message,
Dieu lui infligera les fléaux dont parle ce livre ;
19 *et si quelqu'un enlève des paroles à ce livre de prophétie,*
Dieu lui enlèvera sa part des fruits de l'arbre de vie
et sa place dans la cité sainte dont parle ce livre.

20 *Et celui qui témoigne de tout cela déclare :*
« Oui, je viens sans tarder. »
– Amen ! Viens, Seigneur, Jésus !
21 *Que la grâce du Seigneur Jésus soit avec tous les hommes.*

Une série d'ultimes recommandations relie l'épilogue au début de l'Apocalypse et manifeste ainsi l'unité du message. On comparera le verset 6 aux deux premiers versets du chapitre 1, avec la proclamation que le Christ vient bientôt. Le message vient de Dieu, l'ange interprète ne jouant qu'un rôle secondaire (v. 8s, reprise de **19**, 10). La venue du Christ est toute proche, mais il faut comprendre qu'elle se réalise de multiples manières, étagées dans le temps. Le mot d'ordre, c'est de garder avec soin les paroles entendues (v. 7.9). Deux béatitudes s'ajoutent aux cinq précédentes (v. 7 et 14). Le petit livre mangé par Jean (**10**, 10) a pris forme « canonique », si l'on peut dire. Gare à celui qui en modifierait quoi que ce soit (v. 18s). C'est maintenant l'heure de la divulgation du message (v. 10), avec son double aspect de promesses et d'exclusions.

Quelques versets enfin évoquent une liturgie de la communauté, réunie pour entendre le message. Le Christ se présente à nouveau comme *l'Alpha et l'Oméga*, rejeton de David – ce qui marque l'accomplissement des promesses (5, 5) – et en même temps, comme *« étoile brillante du matin*[1] », signe annonciateur du Jour sans fin.

Cet appel répété à la venue du Seigneur correspond à la plus ancienne prière chrétienne, dont saint Paul nous a conservé la teneur en araméen, pour conclure sa 1ère lettre aux Corinthiens : « La salutation est de ma main, à moi, Paul. Si quelqu'un n'aime pas le Seigneur, qu'il soit anathème. *Marana tha.* La grâce du Seigneur Jésus soit avec vous. » (1 Co 16, 21-23) En elle-même, l'expression araméenne peut se comprendre de deux façons : « Le Seigneur est venu », ou « Notre Seigneur, viens ». Bien qu'elle soit si fortement ancrée dans le milieu judéo-chrétien, l'Apocalypse n'a pas conservé le terme original, mais sa traduction grecque : « Viens, Seigneur », comme conclusion d'un long dialogue stimulé par l'Esprit. L'addition « Jésus » prend tout son sens : c'est le renvoi au Jésus de l'histoire, celui qui est passé par la mort pour faire de son peuple, un peuple de prêtres et de rois.

---

1. Allusion à Nb 24, 17 comme en Ap 2, 28.

Message d'Espérance

Nous sommes invités à reconnaître les modes multiples de cette venue du Christ en son Église et dans le monde : certes, le Voyant de Patmos maintient très vive l'attente de la parousie, si caractéristique des premières communautés chrétiennes, mais il nous apprend à découvrir les signes de la présence actuelle de l'Agneau. Présence entretenue par la lecture de l'Ancien Testament : maintenant les sceaux sont levés sur l'antique rouleau et, comme en transparence, apparaît la figure du Christ derrière le récit de l'Exode. Les vainqueurs n'ont-ils pas à chanter « le cantique de Moïse et de l'Agneau » (Ap **15**, 3) ? Nombreuses sont les images qui évoquent le baptême : traversée de la mer, apposition du sceau du Dieu vivant, vêtements blancs... Le repas avec le Seigneur (**3**, 20) n'est-il pas préfiguration des noces de l'Agneau avec son Église (**19**, 9) ? Les épreuves multiples qui accablent le monde ne sont pas à interpréter comme manifestations d'un destin implacable, mais comme signes avant-coureurs du jugement. Signes à interpréter, signes qui doivent provoquer la conversion, pendant qu'il en est encore temps. Tel est cet « Évangile éternel » que tous les témoins de l'Agneau doivent proclamer sur la grand-place de la cité (**11**, 8 ; **14**, 6). À vues humaines, ne répond que l'endurcissement du monde dominé par les forces démoniaques. Trop de lecteurs en restent à cette interprétation. Et pourtant, la mission des deux témoins, figure de l'Église (**11**, 3-13), se termine sur une note d'espoir : leur participation à la mort et à la résurrection du crucifié d'hier provoque la conversion des survivants (**11**, 13). La Jérusalem nouvelle est une ville ouverte, assez vaste pour accueillir des multitudes, une ville paradisiaque qui offre la guérison à ceux qui sont attirés par le resplendissement de sa lumière (**22**, 2), le temple où Dieu se manifeste à visage découvert avec le Christ. Loin d'être un livre d'épouvante, l'Apocalypse doit donc être lue comme un message de fermeté dans l'épreuve et d'espérance. Sachons donc reconnaître dans le livre de Patmos la révélation de la grâce de Jésus Christ, à l'œuvre à travers les soubresauts de l'histoire.

BIBLIOGRAPHIE

Pour une bibliographie récente, bien classée, voir :
J.-M. DELMAIRE, dans *Graphè* n° 1, *L'Apocalypse*, Université de Lille III, 1992, p. 25-50.

Nous nous bornons à fournir des indications élémentaires pour une première approche.

* ***Commentaires (en langue française)***

E.-B. ALLO, *Saint Jean. L'Apocalypse* (Études Bibliques), 4e éd., 1933. Une mine inépuisable.

C. BRÜTSCH, *La clarté de l'Apocalypse,* 1re éd., 1940, 5e éd. (très enrichie, Genève, Labor et Fides, 1966). Fournit une large information sur les diverses interprétations du texte.

M.-E. BOISMARD, *L'Apocalypse* (Bible de Jérusalem), 1950, 4e éd. revue, 1972. Partisan de deux apocalypses combinées entre elles.

L. CERFAUX, J. CAMBIER, *L'Apocalypse lue aux chrétiens* (*Lectio divina,* n° 17), Paris, Cerf, 1955.

P. PRIGENT, *L'Apocalypse de saint Jean* (Commentaire du Nouveau Testament XIV), Lausanne, 1981. Met en valeur la dimension liturgique du texte.

D. MARION, 14 articles parus dans *Esprit et Vie* (Langres), 2e partie, entre le 30 janvier 1992 et le 10 septembre. Bien documentés et faciles à lire.

* ***Pour une première vue d'ensemble***

Cahier Évangile n° 11 (1975) : Une lecture de l'Apocalypse.

Le Monde de la Bible n° 3 (mars-avril 1978), Apocalypse, sectes et millénarisme.

P. Prigent, *Et le ciel s'ouvrit,* Apocalypse de saint Jean (Lire la Bible 51), Paris, Cerf, 1980.

E. Cuvillier, *L'Apocalypse, c'était demain,* Aubonne (Suisse), éd. du Moulin, 1987. Brochure de 90 p., très accessible pour le grand public.

J.-P. Prévost, *Pour lire l'Apocalypse,* éd. Novalis (Ottawa) et Cerf (Paris, 1991). Fournit les clefs de lecture essentielles. Un guide très sûr.

* ***Ouvrages et articles importants***

J. ELLUL, *L'Apocalypse architecture en mouvement,* Desclée, 1975.

ACFEB, *Apocalypse et théologie de l'espérance* (Congrès de 1975). Coll. *Lectio divina* 95, Paris, éd. du Cerf, 1977. Ouvrage de référence pour les exégètes et les théologiens.

D. Mollat, *Une lecture pour aujourd'hui : l'Apocalypse.* Textes rassemblés et présentés par B. Mollat (*Lire la Bible* n° 58), Paris, Cerf, 1982.

E. Corsini, *L'Apocalypse maintenant* (traduit de l'italien. Coll. Parole de Dieu), Paris, Seuil, 1984. Veut retrouver l'histoire d'Israël derrière les visions de l'Apocalypse et centre son commentaire sur le mystère pascal, mais méconnaît l'insertion du message dans la vie concrète des églises du temps, avec le cas de conscience posé par le culte impérial.

E. Cothenet, *art. Révélation* (Apocalypse de saint Jean), *in Dictionnaire de Spiritualité,* t. 13 (1988), c. 453-482. Essai de synthèse théologique avec une bibliographie raisonnée.

J.-P. Charlier, *Comprendre l'Apocalypse* (Lire la Bible nos 89 et 90), 2 t., Paris, Cerf, 1991. Renseignements intéressants, mais aussi bizarreries dues à une conception rigide du plan.

* ***Abréviations***

C.E. : Cahier Évangile, éd. du Cerf.

Suppl. C.E. : Supplément au Cahier Évangile.

TABLE DES MATIÈRES

LISTE DES ENCADRÉS

Cet ouvrage a été réalisé par la
SOCIÉTÉ NOUVELLE FIRMIN-DIDOT
Mesnil-sur-l'Estrée
pour le compte des Éditions Mame/Plon
en mai 1995

Imprimé en France
Dépôt légal : mai 1995
N° d'impression : 30830